50周年を迎える日本初の
「生損保セット商品」は
いかにして生まれたのか

「大型保障制度」誕生秘話

鈴木英世

言視舎

はじめに

全国法人会総連合と納税協会連合会の大型保障制度が発足して50年目を迎えた。

変化の時代にあって、この保障制度が半世紀にも及び継続していることは、他に例を見ない。時と共にどのような商品やサービスも盛衰の道を辿るのであろうが、未だに継承されていることは稀有な存在であると言える。

本制度のますますの発展を祈念しつつ、開発当初の語られることのなかった秘話を以下に紹介していきたい。

いつの時代も企業の継承は難しい。政治経済の環境がグローバルになり、それ故に変化のスピードが速くなり、変化の要因が複雑になった。その経営環境の変化のスピードに、企業というか経営当事者が追い付かない例が多いからかも知れない。

それでも、日本の老舗と言われる企業は、世界でも比類のないほど多数の社が残っている。とある大学の教授がゼミ生と四国の金毘羅山の参道にある灯篭などの寄進企業がどの程度生き残っているか、調査したことがあった。電話帳などが残っていて追跡調査が容易な時代ではあったが、これが、「企業30年説」などがとなえられるきっかけになった。

つまり、企業が30年以上も経営を続けるのは至難の業なのである。

その理由としては

・技術革新が速くなり流行のサイクルが短くなった
・顧客のニーズ・ウオンツの変化に企業側が追い付かない
・提供する商品・サービスの陳腐化が激しい
・個人企業は後継者が育たない

などがある。

さらに保険商品などは無形の商品で、類似商品を出しやすく、早晩に陳腐化し、新たな商品にとってかわられるのが通例である。

そんな中で、この大型保障制度は開発50周年を迎えた。

政治、経済が激動した半世紀後になっても未だに新規加入者があり、この発刊元の言視舎も、大型保障制度に加入していた。

50年の間に、保障制度のグレードアップを図ったり、付帯サービスを拡充したりと時代の変化に適合する努力を重ねてきた後継の人たちの弛まぬ努力の成果として、超ロングセラー商品となっているのは間違いない。

今日まで続いているのは

・保障制度の商品設計が優れていたからか?
・制度を開発した母体が素晴らしかったからか?

・組織の加入会員の経営が優れていたからか？
・制度推進員（販売員）のスキルが秀でていたからか？
その答えは、加入者が決めることだが、いまだに新規加入者がいるということで長寿の保障制度であると断言できる。


たまたまの縁で筆者は1971年に法人会、納税協会の大型保障制度の立ち上げに携わった。大同生命相互会社の鹿野・梅沢、ＡＩＵの佐保そして筆者４人が、まさにさまざまな試練に耐え、契約母体の全法連・納税協会の要請に応えてスタートさせたのは事実である。４人が気力体力のある40歳代、30歳代であったとはいえ、知恵を絞り、集中し、激務をこなした。

それから半世紀が経ったのだ。

制度の開発当初にかかわった者の一人として誇らしいが、同時に制度の開発仲間であった大同生命社の鹿野、梅沢両氏と、ＡＩＵ社の佐保氏が鬼籍に入られたのが残念でならない。

残った者として、50年の歴史を綴って墓前に捧げたい。

目次

「大型保障制度」誕生秘話

第1章　セット商品開発の背景ときっかけ――三者出逢いの妙

１９７１年６月、大同生命保険株式会社（当時）とＡＩＵ株式会社（当時）の業務提携で、最高保障額１億円という掛け捨て型生損保合体商品が、国税庁外郭団体の法人会々員の保障制度として販売された。

この保障制度の主体は、国税庁の外郭団体である「全国法人会総連合」であった。

中小企業に役立ちたいが貧乏所帯の「全国法人会総連合」

この法人は国税庁の外郭団体で、円滑な税務行政の執行に協力するとともに税法、経理、経営に関する知識の普及および向上のための研究指導などを主な事業とする団体であった。昭和22年（１９４７）年に発足した団体で、保障制度開発当時は31万６０００社を法人会員として保有していた。

加入会費制を採用しており、40都道県（沖縄は米国統治下にあり１９７３年に制度に参加）を束ねる全国法人会総連合（以下全法連と略す）が上部団体であったが上納システムが悪く、事業展開の資金不足で運営に支障をきたしていた。

つまり、中小企業に役立ちたいが掲げる理想に手が届かず、この制度発足当時は貧乏所帯であった。保障制度開発当時の全法連の事務所は木造二階建ての二階が事務所であった。事務所を訪問する際は板張りの階段が擬音を発するので、失礼ながら面談の日取りを決めると手帳に「鶯張り御殿参上○○時」と書いていた。

近畿の二府四県は大阪国税局管内納税協会連合会（以下「納税協会」と略す）と称して、組織は別にあった。この団体は法人のみにとどまらず、当時は6万社の法人と個人会員12万社を会員としていた。

全法連の折衝窓口は専務理事の黒田氏であった。私立大学（東京経済大学）の教授を兼務されており、大変な長身痩躯の方であり、理を兼ね備えた熱血漢であった。ただ、組織の運営経費にも不自由していたようで、職員へのボーナス原資を黒田専務が銀行から個人保証で借り入れをして支払っていることを知った。私は個人的に共感し、何としてもこの制度を成功させたいと決意をした。

世の中には不思議な縁があり、様々なところでつながる。私の父親は黒田氏が教授をやっている大学の卒業生で、大学とは縁が続いていた。故に、黒田専務の人物評や大学での立ち位置、学生の評判などは専務と面談したひと月後には承知していた。私的な縁での混同は避けて通りたかったのでこのことは今初めて明かすのだが。

保障制度開発の大義名分

法人会の会員は主として中小企業であり、資本規模も小さく経営トップが陣頭指揮で活躍していることが多い。そのトップが病気や怪我で長期加療をしたり、死亡したりすると屋台骨が崩れる。なぜなら、金融機関は経営トップの長期病欠や退陣は、以後の融資条件に制約を課していたからである。融資環境が悪化するのみならず、日本の金融機関は経営陣の個人担保主義を採用しており、企業の順調な時はまだしも、不幸な事態が不況期や困難時に発生すると、企業の倒産はもとより、経営陣の家族への負の相続にまで進展するのだった。

問題点をまとめると次のようになる。

・金融機関は不良債権の発生を恐れている。融資条件に担保を取るシステムである
・担保は経営者の個人資産も提供させていた
・中小企業経営首脳の長期療養や死亡は倒産に直結し易い
・万一の場合に備える道が限られていた
・代替策としての保険は保障額が低いのと掛け金が高くて加入しづらかった

日本経済を支えている中小企業は資金繰りで日夜悩み、失敗すると金融機関は担保として取った経営者の個人財産を没収する。これでは経営者とその家族、従業員も路頭に迷う。

退職金制度も不備であった時代であり、日夜努力をしていた経営者は恵まれていなかった。このことは優秀な人材の採用にも悪影響を及ぼしていたし、会としても会員への支援が不十分だったのだ。

この状況に対して、安心して働くあるいは憂き目にあう確率を減らすには、借財以上の保障制度を作る必要がある、と学者でもある専務理事は考えていた。

似たような経済団体として商工会議所もあった。この団体は会費のほかに資格制度などを取り入れていたので財務環境が法人会や納税協会より良かった。

法人会や納税協会は独自の会員への支援策として、直接的で資金的な支援策は不可能であった。

黒田専務は、民間企業の力を活用した会員への支援策を練っていた。

そんな折に、神奈川にある支社からの情報で、大同生命社の鹿野・梅沢コンビが、黒田専務理事と出会ったのである。

業界中位に停滞して改革に挑んでいた大同生命

生命保険会社は戦後20社体制が長く続いていた。

大同生命保険相互会社（現大同生命保険株式会社）の設立は古く、ＮＨＫの朝ドラ「朝が来た」で紹介されたこともある。一時期生保業界10位にまでなっていたが、その時点では業界中位の10番台上位の前後で低迷し、13位まで低下していた。

護送船団方式に胡坐をかいていたわけではない。護送船団は同じ営業戦略を取るから、新戦略を採用しない限り、業界順位が上がることはあり得ない。同じような商品に同じような営業体制と教育システム。財務内容の良い会社が上位を独占するシステムなのである。

同じような商品で同じような給与体系では優秀な営業社員は知名度のある会社に集まる。この構図にそのまま乗っていては、じり貧状態になることは、誰しもがわかっていた。誰がいつどこでこの企業体質を打破するか？

業界他社の動きが急を告げてきていて社内体制の改革に着手した。

大同生命は保険期間20年の集団定期保険と5年満期の養老保険をセットするなどの高額保障の新戦略を取った。

そんな折、全法連から高額保障制度の開発を要請されたのである。

全法連の保険会社に対する要望は

・安い掛け金で高額保障が得られること
・掛け金が全額損金算入できること
・掛け金の収納および保険金の支払いを効率的にできること

（本部職員が僅かしかいないという理由で）

などであった。

全法連の要求

全法連が東京にあることから、大同生命は専任部隊を構築した。東京南支社の支社長であった鹿野氏と配下の梅沢氏が１９７０（昭和45）年の秋、担当に任命された。

全法連の黒田専務と大同生命の鹿野氏・梅沢氏は数度の折衝を重ね、独自案を提出するものの、快諾を得られなかった。

当時の生保業界の常識では、死亡保障額は２０００万を上限にしていた。それ以上の金額は保険料が高くなり支払えない。そのなか大同生命は、保障金額５０００万円までの掛け捨て保険の認可を取っていた。そこで大同生命は最高額の５０００万円の集団定期保険を提案した。しかし、黒田専務はそれでも不足だという。

思案した鹿野氏は、損害保険会社の傷害保険との抱き合わせを考案した。

国内損害保険会社と折衝して、当時の傷害保険の最高認可補償額２０００万円とセットし７０００万円の保障案を提案した。しかし、全法連の黒田専務はまだ不足だという。

自動車保険営業撤退の危機から傷害保険で起死回生を狙っていたＡＩＵ

そんなとき鹿野氏たちは、外資系損保会社が５０００万円の保障を売っているらしいとの情報をキャッチした。多数の外資損保会社があったが、当時、自動車保険の損害率悪化で悩み、傷害保険を新たな営業戦略として取り組みかけていたＡＩＵ社に目を付けた。

ＡＩＵ株式会社は、自動車保険撤退の危機から傷害保険での起死回生を狙って「ＶＩＰ傷害保険」と銘打ち、５０００万円保障の保険商品を高額所得者、特に医師など向けに販売していた。自動車事故の損害額査定や示談交渉などの手間のかかる商品からの脱却を目指し、傷害保険に力を入れていたのである（ＶＩＰ傷害保険：怪我による死亡・後遺障害、休業補償、治療費用実費保障）。

鹿野氏たちは、ＡＩＵ社の傷害保険部に飛び込み営業を仕掛けた。対応したのはゴードーという部長だった。ゴードー氏は日本語が達者で、関西弁も流ちょうに話す人物であった。彼は傷害保険のアンダーライターであり、引き受けを主に担当する業務部門の長であった。外資系の保険会社は商品ごとに部門の長が営業挙績と損害率に責任を持つ。つまり、傷害部長はアンダーライティング・マインド（引き受け）が強く、新規引き受けに際しては保守的な側面を持つ傾向がある。

鹿野さんたちの要望は
・５０００万円の傷害保険の引き受けをできないか？
・セット商品として大同職員に売らせることができないか？
・ＡＩＵ社の代理店も売ることに協力してくれるか？
であった。

ゴードーは営業に重点を置いた話も入ったことから部下の佐保を呼び寄せて同席させた。鹿野たちがいなくなってから、ゴードーと佐保はどう対応するかで悩んだ。

自社のグループにはＡｌｉｃｏ（アリコ後にアリコ・ジャパンとして営業開始し、サブプライム・ローンにより現メット・ライフ社に売却）があるのでどうしたものかと思案。佐保が提携路線を強く主張し、営業担当役員を巻き込んでタイ・アップをする方向で社内決定した。

大同生命の訪問を受けたＡＩＵの事情、細かい反応などは別記する。

半年余の折衝の結果、翌年の１９７１年６月に大同生命とＡＩＵは業務提携するに至った。

・業界初の生損保セット商品
・最高保障額１億円
・ケガによる医療費給付
・ケガによる休業補償
・病気死亡、後遺症傷害による保障

つまり、集団定期保険５０００万円と一般団体普通傷害保険５０００万円の合算１億円、全国法人会総連合の「経営者大型総合保障制度」が誕生したのであった。

しかし、双方の会社では、営業戦略、経営方針に大きな差があった。さらに販売資格の問題、保険料集金事務の問題、保険始期の問題、査定の問題、保険証券発行の問題などさまざまなテーマが浮かび上がってきた。

第2章　当時のＡＩＵ株式会社（現ＡＩＧ損害保険会社）

アメリカン・インターナショナル・アンダーライタースは１９４６年に日本に創立され、１９６３年には日本法人ＡＩＵ株式会社となっていた。アメリカにあるハノーバー、アメリカンホーム、ＡＩＡの日本における代行社であり、アメリカンホームが傷害保険の元受け会社であった。他にも米退役軍人の会（ＵＳＡＡ）保険の損害調査業務なども引き受けていた。

日本の駐留軍人や軍属の自動車保険や火災保険を扱っていたが、日米の政府交渉で駐留軍人の削減が予想されていた。ＡＩＵは世界的なネットワークを武器に拡張してきた組織であり、米軍基地縮小の後は日本国内ビジネスの拡張を目指した。１９６０年の途中から組織の統廃合などを経て、自動車保険の拡販に備えた。１９６２～63年にかけて約60名の中途採用を行なっていた。

外資系の自動車保険

朝鮮動乱特需などもあり、戦後の日本経済は急成長し、モータリゼーションが進んだ。一方で、モータリゼーションは同時に交通事故を頻発させた。

１９５５（昭和30）年7月29日、法律第97号で自動車における損害賠償責任、自賠責保険（通称自賠法）が制定される。人身損害賠償を対象とする自賠責保険に対し、車両損害や対人対物の上乗せ保障としての任意自動車保険の販売が、民間保険会社で始められた。

しかし、国内損保社の自動車保険の担保内容は貧弱だった。車体保険は衝突事故のみの実費が支払い対象だった。それに比して外資系の車体保険はいたずらや蛮行なども支払い対象としていたし、免責条項も条件が良かった。さらに、対人・対物保険に関しては圧倒的な差があった。

国内社の賠償保険は、仮に100万円の対物事故が発生すると、契約者が直接被害者と示談交渉をし、示談額を支払ったのちに保険会社に請求する。その支払い額が妥当だと保険会社が認めた場合にはその75%が補填されるというお粗末な商品であった。さらに賠償限度額から支払った額が減額されるというもの。

それに比して外資系の商品は100%保障で、なおかつ対人・対物の示談交渉付で限度額は自動復元だった。保険料に関しては幾分高かったが、商品優位で契約数は伸びていた。

自動車保険営業から撤退?

ところが、交通戦争という事態となり、経営環境は一変した。

自動車保険の引き受け会社ハノーバーが、損害率の悪化を嫌って劇的な対策を講じ始めた。

自動車保険の英文証券にはキャンセル条項というものがあった。保険者(保険会社)が判断した場合、契約の一方的な解除権を持っていたのだ。顧客から損害査定部に事故報告がされ、受理された事故報告書のコピーが自動車保険部に届くと、一件の事故で、次年度の継続拒否(DNRディー・エヌ・アール Do Not Renewal)、二件以上だと即刻解約(ICアイ・シー Immediate Cancelation)として処理し、その指示で経理部が残存保険料を算出して小切手で契約者に送付し、期日以降の保障はないことを文書で一方的に通知したのである。

この動きは社内と代理店にパニックを引き起こした。

さらに、ＡＩＵが日本における自動車保険営業を撤退する動きも伝えられた。この騒動のピークが１９６９年であった。


その当時の労働組合の書記長、委員長を私が勤めていたのである。

自動車保険の挙績が70％近くを占めており、撤退となると大量解雇が発生する。最悪の事態を避けるためにさまざまな動きをした。

ＡＩＵの労働組合は、山崎豊子の小説『沈まぬ太陽』のモデルと言われる小倉寛太郎《ひろたろう》と宗像、古瀬などという人物が結成したものであった。小倉氏は東大の駒場祭の初代委員長などで有名だが、ＡＩＵに入社し労働組合結成の働きをしたものの、所属部門が消滅したので、4年ほどで日本航空（現ＪＡＬ）に転職した。そこから後の彼の活動は真偽のほどは明らかではないが、山崎豊子の小説によると劇的な左遷と栄進、左遷を繰り返したようだ。

私の組合活動をここに記載した理由は、委員長在任中に組合幹部三名に転勤命令が出されたことから始まり、その延長線上で私が法人会のプロジェクトに参加することになったからである。

組合幹部の執行期間中の配転などは間違いなく不当労働行為である。

当時のＡＩＵ役員は英語ができ、仕事もできたのだろうが、戦中戦後の時代の学業に専念できぬ時代の申し子であり、法律などの素養に幾分欠けていた。

人事部長と面談をし、組合三役に対する任期中の転属命令は不当労働行為で大問題となるのを承知しているのかを確認した。自分が不在の時の役員会で決定されたことで、申し訳ないと陳謝されたが、ことはそんな個人的な陳謝レベルの問題ではない。労働法の重大な侵害であり、断固として拒絶すると回答した。

労働組合が自動車保険営業の継続を決めさせる

当時、損害保険業界には二つの労働組合団体があった。全損保と損保労連でＡＩＵは全損保に加盟していた。

全損保は幾分闘争系の団体ということであったが、ＡＩＵの組織運営に上部団体の影響はなかった。ＡＩＵ労働組合はユニオン・ショップ制を採用しており、課長職までが組合員で役員秘書も組合員であった。前任の委員長は私が大阪時代にキャンプなどをして遊び仲間であったことと、彼の結婚式の司会をしたことなどから、書記長就任を依頼されて引き受けたものであった。

前任委員長は、問題の自動車保険部に所属していて委員長最後の時に不可解な行動をして、団体交渉妥結当日に音信不通になった。書記長の私がやむなく組織の対面というか体制を維持するために、委員長代行を依頼されたと偽って妥結したことがあった。そして次期の委員長に就任し、ストをも辞さないという姿勢でかなりのやり取りをした。

第一目的は自動車保険営業撤退による大量解雇の阻止であった。これは労働組合の本来の活動内容ではないが、70％近い営業挙績の喪失は誰が考えても大量解雇に直結する。

当時のＡＩＵ日本の挙績は、ＮＹ本社から見ると僅かであり、役員の発言権も小さかった。これらの動きに対し、周囲から、小人閑居して不善を成すとか、役員と裏取引をしているのではないかとか、策士策に溺れるとか、忠告めいた言葉や非難が聞こえていた。

しかし、生活権の確保をするのが組合の使命である。しかも経営上層部が打開策を持たないのがわかったので、アメリカ本社が今後も日本市場で営業活動を続ける意向であるならば、自動車保険の引き受け条件はさておき、自動車保険営業の継続をしないと日本市場での営業継続は困難になるとの情報を、組合から流した。

団交が終わる都度、英語の達者な秘書や非組合員に和文英訳をさせてＮＹに送信した。

ワールドワイドに営業網を持つことがＡＩＵの売りであったので、本社も同意して自動車保険営業の継続が決定した。

大量解雇を阻止するには

この決定で、大量解雇の危機が去り、役員の一部や組合員の一部にある種の安堵感が出て、たかが組合の執行部三名が転勤するかどうかは気にも留めない雰囲気も出ていた。しかし、公然たる法違反であり、全損保は人材を派遣して闘争を支援するという。しかし、全損保からの支援は闘争指導だというのでお断りした。仮にストライキを実行すると職場放棄であり賃金のカットとなる。その時の不足はどうするのかというと、金利付きで貸し出すという。支援ではないのだ。三役の転勤命令については法廷闘争に持ち込むべきだという。

時間を割いて話しあったが、全損保のスタッフの能力に限界を感じたので没交渉とした。顧問弁護士も交えた人事委員会で転勤命令は却下された。

この転勤命令の発端は、ＩＣ、ＤＮＲ騒動だった。社員は激務を強いられたと、新たに3月末に国内社と同様の臨給を支給してという要求を出し、ストライキ突入の手前までの活動をしたこと。これが役員としては気に入らなかった。

アメリカ本社は、儲からない自動車保険から撤退し、傷害保険など手間のかからない保険種目にシフトして営業を継続したい、という目論見であることがわかっていた。

当時の日本のＡＩＵはアメリカの保険会社19社程の代行社であり、いわゆる保険会社ではなかった。自動車保険営業の主体であるハノーバー社は当時の日本の営業挙績がなくなっても何ら困ることがなく、損害率の悪い部分が消えることを選択していたのだった。

大量解雇を避けるために、私はあらゆる策を考えた。

日本のＡＩＵは給与基準、ボーナスなどすべてにわたって本社決裁を得ないと決定できなかった。組合との交渉経過も毎日のようにニューヨーク本社に報告されていた。団体交渉は難航した。自動車保険営業の撤退はするが、他の儲かる分野は継続するという本社の意向がわかった。世に言う、いいとこ取りである。それはそれで経営判断としては正しいのだが、市場の反応はそんなに都合よくはいかない。

交渉事は綱引きというより、棒の押し合いである。親会社のＡＩＵはワールドワイドなサービス・ネットワークを売りにしており、日本からの撤退は致命傷となる。そこをターゲットに押し込んだ。これはベースアップやボーナス闘争などの団体交渉というより、経営戦略に近いテーマであり、ある意味で日本の経営陣と組合が手を組んで対アメリカ本社という構図を意味していた。

ＡＩＵの組合を創設した時の人物が役員に連なっており、ソフトランディングという点で組合と経営陣も一致していた。

・大量解雇は避ける

・日本マーケットで生き残る戦略を考える
・そのための共通項を探る
ただし、このテーマはあまりにも抽象的で経営的でもあった。

組合をまとめ切れるかという問いに、条件を出してまとめると断言した。この困難な状況に社員は奮闘して、代理店はもとより顧客にまで平身低頭して説明し、ＩＣ、ＤＮＲという日本にはない仕組みの理解を求める活動をした。今後も日本でビジネス展開を継続する意向があるなら、優秀な人材を残すことと、社会的評判を落とさないために自動車保険営業は縮小しても即刻の撤退は悪影響しかないと組合が主張している、という報告書を創り上げ、英文に翻訳して役員はＮＹに報告した。

組合は同時に、この緊急事態解消のために様々なワークを強いられたので、3月末に日本の損保社が導入していた3月臨時給与０・５カ月を新たに要求するという案を出した。

この動きで、転職先を探すような社員の動揺が消えた。大胆不敵な提案は通った。

報復人事

そして夏になり、秋からの組合幹部の選出時期になった。私は、これ以上の組合活動は専従でもなく日常勤務の傍らでやっていたので、やめることを夜の10時に幹部会で口にした。幹部の中に、それを役員にご注進したのがいて、翌朝すれ違った役員が次は誰が委員長をやるのだと聞いてきた。自分は情報通だということをひけらかしたかったのだろうが、残念な組織だと思った。

ＮＹから自動車営業の継続を伝えられた。失業の対象になるはずだった役員もいたが、これまで通りの事業展開が見通せて皆が元気になった。

そして、役員会の反撃の矛先が、間もなく組合委員長の私と幹部に向けられた。組織対策、教宣を担当した人間に転勤命令が出たのだ。しかも、あと二カ月以上の組合幹部の在任期間があるのに。

私は、大学時代に運動部を作った経験があり、組織を作るとか組織を継続するための努力は惜しまないし、あらゆる努力をする。私を含めた幹部の在任中の転勤命令は承諾するわけにはいかなかった。自分が転勤の対象に入っているので個人的には動きづらくもあったが、組織の将来に悪影響を及ぼす不当労働行為なので、撤回を求めた。

顧問弁護士を交えた役員会で、執行部の在任中転勤命令は労働法に抵触するとのコメントで転勤命令は撤回された。

一度決めて公表した人事異動を覆された人事委員会は、組合幹部の交代が秋の組合総会で正式に決まった翌週に転勤辞令を出した。明らかに意図的な報復人事であったが、組合役員任期満了後の人事異動命令であり、これには従うほかなかった。

長女が7月に生まれた秋のことだった。通勤が可能な地だということで、千葉事務所配属となった。事務所長とクラーク二人の組織で、私の仕事、損害査定のアジャスターとしての月例事案（クレーム）は月に3から5件であった。中堅社員をこの小さな組織で事故も少ない店に配属することは常識的にはあり得ないし、査定部にはそれほどの人的なゆとりもなかったのだが、組合活動を通じての言動を役員は相当お気に召さなかったようだった。

暴力団組長の担当となる

ある時に、有給休暇を取った。当然のごとく、仕事柄いつ発生するかもしれない緊急事態（大規模火災、風水災）に備えて、行先の連絡先は知らせる仕組みになっていたので実行していた。伊豆の海岸で運動部の合宿に参加していた。呼び出しがあり、電話ですという。妹の乳がんが転移していたので、不安を覚えながら電話に出た。

相手は妹ではなく家族でもなく、交通事故で入院加療中の被害者であった。彼は、いまで言う広域暴力団の長であり、深夜に金色のムスタングに乗っているときに交差点でＡＩＵの自動車保険契約者に追突されたのであった。大手不動産会社の契約であり、この事故の担当を命じられていた。

大事件だということで、上司からは普段はあまり認められていない病院への直行直帰を勧められた。この手の人物は付き合いの幅も広く、名の通った芸能人たちが見舞いに来た。彼らが半日も待合室で待たされるのを、私に見せつけていた。

病室には、昨日出所しましたと挨拶に来る若頭もいた。連日詰めていると親しみを感ずるのか、昼夜の食事を付き合えと言う。巨漢であり、餃子にラーメンにチャーハンという昼食セットを私の分も注文し、残すなという。まだ若かったので無理をして食べたし、その部屋に設置した電話を借りて事前に上司に「食事を一緒にしろといわれて困っているがどうしたもんでしょう」と問うた。「断れ」と言うかと思いきや「断れないでしょ」と普段と違うトーンでの回答であった。食事を共にすることの了解を取って、本人に代わりましょうかと謎かけをした。無論電話口に上司が出ることはなかった。

三日ほどの休暇を告げた。連絡先を知らせろというので、代理の担当者名と会社の電話番号を再度知らせておいた。

休暇二日目の合宿練習中に電話だという呼び出しがあった。電話の主が巨漢の組長であるとわかって私はほっとした。妹のがんの病状悪化だと思っていたからであった。

「何事ですか、○○さん」と尋ねたら、「あんたがいないと寂しいので、会社に聞いたら教えてくれたので、電話しただけだ。ほんとに運動部でやってんだ」。「いい加減にして下さい！」と言って電話を切った。社内の大災害など緊急時対応のために知らせた休暇先に、なぜ被害者（クレイアント）が電話を掛けてくるのだ。なぜ教えたのだ。「毅然とした態度と行動をとれ」と言って、代理店はおろか営業社員とも飲みなどを制限していた上司たちが、こともあろうに暴力団の組長だからと言って部下の休暇先の電話番号を知らせたことに腹が立った。同時に心の中に彼らに対して隔壁を設けた。

休暇を終えて会社に電話したら、続けて直行直帰して仕事をしてくれという。停車中のムスタングが全損になるほどの衝撃を受けた組長は、いくら猪の首の巨漢だからといって、短い間にむち打ち症が完治するわけがない。

何日も病室にかよった。保険契約者で追突事故の当事者である大手不動産会社の経営幹部が、嫌がらせや脅しが会社に来ないようにと、毎日のように査定部門と営業にも連絡をしていたようである。組長の様態に変化がないかをさり気なく探っていた。

この手の人物は、粗暴さを持ちながらも人間の感情の機微を知り尽くしている。幾分睨んでいる私の眼を見て「悪いことをした、あんたが本当に大学の運動部なのかを確かめたくなって、会社に電話をしたんだ」という。「直ぐに教えましたか、休暇先を」との問いに、「ああ〜」との回答であった。

タイト・ロープのない環境を知り、部内での仕事のやり方と付き合い方を考えた。すごい剣幕でのプロの脅しは効果的だったのだろう。しかし毎日その彼と対峙している部下の身を案じないのは許しがたく空しかった。

親分と差しの条件交渉

事故で入院している情報が流布したようで、あちらこちらで他の組織がちょっかいを出してくるようだった。それもこれもこの交通事故が原因であるからだという。その通りだが、私に彼の営業圏（島）を保全するための解決策などない。現場復帰には、それに見合う示談金額を受け取ることでしか達成されない。

幹部組員が日に何度も訪れるようになった。彼らの営業現場である「島」に他の組がちょっかいを出してきているとの情報で、どう対処しようかという相談であった。彼のニーズ、ウオンツを満足させる策を思いついて実行に移した。

この策を上司に伝えたら、医師の診断書などが揃うのかという。無論、病院長と理事長には事前に時間を割いてもらい、退院させて、自宅診療は可能かという打診はしていた。院長としては、少し余分な手当てを出して若い医師に親分の自宅に往診させることで、面倒な患者がいなくなるということである。これは願ってもないことだった。

親分が常駐し、絶えず組員の出入りや似たような見舞客の往来が続いていることで、院長も理事長も閉口していた。「そんなことができるのですか」と乗ってきた。行けるかもしれないとの感触を持って親分に球を投げてみた。「入院されているという情報はどこから伝わるのでしょうね?」と振ったら、俺たちの世界は蠅のようなもんだから、臭いを嗅ぎつけて裏を取るのだという。

最初は金色のムスタングが最近走っていないという情報が流れ、何かあったのかとチェックを入れ、末端のどこともくっ付く小班の班長に探りを入れさせる。すると、ご注進ということで交通事故での入院がわかるのだという。敵国同士の情報戦なのだと仕事を離れて考えると面白かった。

「仮に」と題して自宅加療を提案してみた。大きな自宅らしかったので、病室と同じ環境を整え、医師が往診するという条件にした。

「島」への侵害を防ぐ意味でも、親分は自宅に戻るという構想に飛びついてくれた。室内に備えた電話で彼は病院長に「すぐ来い」と言うと、院長が階段を駆け上がって飛んできた。院長には私から総入院加療期間の見込み診断書の提出と訪問診療の条件をお願いした。

自賠責保険の限度額などはとっくに超えていたので、任意保険であるから支払う側が納得できる条件が揃うと見込み示談ということができるのだ。

親分と差しの条件交渉をやった。この段階になると優男の私と巨漢の親分との差はなくなり、会社の上司と被害者の納得できる接点を見つけることがテーマになる。やっと普段の仕事の延長戦に乗っかって来たので折衝が始まった。

親分の困っている点は見抜いていた。島を荒らされないために現場復帰を他の組織組員に見せたいのだ。子分どもの手前、安い示談金で示談するわけにもいかない。さりとて、病室でのこれ以上の加療は組織維持に支障をきたす。これらの条件での落としどころの模索である。

治療費などは加療期間と過去の治療費で算定できるが、慰謝料と休業補償は難題であった。一番困ったのが親分の所得証明であった。民間保険会社なので税金の加算などがないし監査もないので、それなりの形式を揃えてもらうことで解決した。

間もなく病院への詰めは解消されたが、私の心の何処かにぽっかりと穴が開いた。それに比して、人事担当の役員は愚直と言えるほどの好人物であった。そこで、「やってみます」と内容もほとんど聞かずに、第1章で述べたプロジェクトへの参加表明をした。それが1970年の秋であった。

千葉事務所での仕事

１９７０年の10月から千葉事務所に通勤した。

クレーム・アジャスターという仕事は、第一義的には発生した事故の受付から始まってさまざまな対処をすることである。しかし、事故は作るわけにもいかず案件がないと仕事はない。暇なので、代理店やＩＳ（アイ・エス Independent Solicitor）を対象に勉強会を開いたり、ＩＳの飛び込み営業に同行したりしていた。ＡＩＵ入社前に10カ月ほど自動車会社にいて、飛び込み営業研修などの経験もあったし、保険の約款はよく知っていたので新しい切り口で営業のサポートをした。誰の眼からも左遷なのであるが、妹が乳がんを患ったというので、転職などの虫は抑えていた。

転勤してひと月も経たない10月の末に、人事の担当役員から、新しいプロジェクトが立ち上がるかもしれないのだが、やってみるかという打診があった。

生命保険会社とのタイアップで何やら新機軸を云々ということであった。皆目見当のつかないものであったが、アジャスターの仕事というよりその部の運営について違和感を抱いていたので、渡りに船と中身もわからず承諾した。

人事部長の古瀬氏は、前述の山崎豊子女史が上梓された『沈まぬ太陽』の主人公である小倉寛太郎氏らと一緒にＡＩＵの労組の立ち上げに参画した人物であり、社内では勤勉実直な人物であった。ついひと月前までは、労と使の関係であり、かなりの激突はしていた。際どい駆け引きとも言える戦略・戦術で、自動車保険営業の継続が決まり、大量解雇という局面は逃れた。私はたまたまの運・縁で引き受けた書記長・委員長が激動期であったとの認識しかなかった。

所属する損害査定部は事故で支払いに関する立場なので、部門長は代理店などとの食事の機会などは厳禁し、さらに社内の営業部署などとの接触すら厳禁していた。査定業務の独立性を維持するためであり、今ではありえないが閉鎖的な組織であった。

入社一年後に、自分の体験と知識を総括するために、Claim Handling Manual を書き上げ、若い女子社員に原稿をガリ版で書いてもらい、謄写版で印刷したものを同期入社の面白そうな仲間に配布した。さらに、有志で会費を出し合って公共施設の会議室を借り、勉強会を開催していた。それに苦言を呈されていたが、利害関係がないのだからと押し通した。睨まれてはいたのだろう。

プロジェクト参加まで

このプロジェクトは、社内でも正式決定ではなく、傷害部の二人と担当役員くらいしかわかっていないようであった。異動の打診に応諾したのだが、肝心の私の部門長がNOだという。所属長にはアジャスターの異動などの人事権はない。かつて退社した社員はいるが、転部などというのはないし、部門機密情報を他部に知られたくないという。

第1章にも登場した傷害部の佐保は、私と同じ年の2月生まれだった。私は11月生まれだが、彼は病気で留年しているので学年は同じで、入社も同じであった。彼の存在については、他部との接触を禁じるという特殊な管理下にあったので、顔と名前は知っていたが、人物については皆目情報を持たなかった。彼は、私が組合の書記長、委員長をしていて、団体交渉の経過説明や今後の見通し、妥結時期の目標だのを分会大会で話すのを直に見聞きしていた。私の発想や行動の一部を知っていたと思う。

後に佐保は、「鈴木ちゃんは誰の推奨でプロジェクトに入ることになったの」と聞いてきた。

今ここで明かすが、人事部の古瀬さんが、傷害部のゴードーさんから「誰か探してくれんか」という呼び掛けに応え、ノミネートしてくれたようであった。

ゴードーさんは入社したころに、昼休みに将棋を差しているのを見た。「あっ、外人だ」と思い、将棋のことを英語で話しかけられたら嫌だな、などという狭い料簡で距離を置いた。少し距離を置いて盤上を眺めていたら、それなりの手を打つ。しかも流暢な関西弁だったのでびっくりした。気さくな人物で、若い私を見て「おっ、あんたは見かけん男やな」という。

傍にいた先輩が、「今度入った鈴木だ」と紹介してくれたのが初めての出会いで、それ以後、特別な接点はなかった。彼は非組合員であったが、かつてないほどの労使対決と、自動車保険撤退かの騒ぎには高い関心を持っていたし、その当事者である私のことは彼なりに知っていたようである。

プロジェクトの正式決定

年末になり、どこの誰に話を持っていけばよいかもわからず、佐保に電話を入れた。「プロジェクトの進捗状況を知りたい」と言うと、「天手古舞で、早く来てくれ」とのこと。傷害部の部長Mr.ゴードーに「どうすれば良いのか」と聞くと、「Joe（損害査定部の帝王）がええ返事をせんのや」と関西弁でいう。

１９７１年４月に、大同生命という大阪の生命保険相互会社と業務提携をするという情報が流れてきた。「正式決定になるので、プロジェクトも間違いなくスタートする、準備してくれ」といわれた。「法人会」とか「全法連」とか名も知らぬ組織の名が飛び交っていた。

ＡＩＵでは、提言や決定事項などはすべて英文にする、和文に翻訳するという厄介な作業が付きまとう。正式辞令の出ていない私にやれることはなかった。

５月の連休明けになってやっと損害査定部の元の上司から呼び出しが来た。

「You、傷害部のプロジェクトに行きたいと言ったんだって？」

「その話は昨年秋から出ていて部長は前から知っていたはずですよ」

社内横断人事などはやったことがない組織だった。

「えっ、そうなの。僕らは昨日知ったんだよ」と言う。

辞令がでると、移動は簡単だった。なにせ、所属した千葉事務所はもともとクレーム・アジャスターなどを配置する規模の店舗ではなかった。抱えていた僅かな案件を後輩社員に引き継ぐだけで、手続きは直ぐに終えた。事務所の社員とＩＳや代理店が送別会を開いてくれ、記念に万年筆を贈ってくれた。ＩＳ、社員や代理店から「何年になりましたかね」と言われたが、８カ月の短い期間だった。

自動車保険営業撤退騒動、組合活動、この二つがなかったら、私は50年も続いている法人会・納税協会の保障制度開発に携わることはなかった。

人の運命はどこで変わるか、まさに見当が付かない。損害査定部の幹部は、私が尻に帆を掛けて喜んで出て行ったと評していたと後で知った。個人的には同期入社の損害査定部の人間とは交信しており、たまに飲み会などは続いている。この後の運命もここから始まっていたのだが……。

第3章　保障制度設計への模索

１９７１年の6月に大同生命とＡＩＵは業務提携をした。大同生命としては、法人会の要請である大型の保障制度には何としてでも５０００万円という傷害保険の補償額が必要だった。しかし、ＡＩＵの傷害保険部としては、リスク判断基準をよく理解しない生命保険会社の営業職員がどのような引き受けをするかで悩んだ。

損保と生保

損害保険は、偶発的・突発的かつ急激、外来的な事故が原因での傷害を保障する。これに対し、生命保険のリスクはMan is mortal.（人間は死を免れない）が基本で、必ず訪れる事象について、年齢と健康状態での統計で保険料を算出している。

保障の引き受け手として生保は、自己申告、血圧測定、X線審査、審査医師との面談などの作業がある。引き受け判定は生保の職員であれ、ＡＩＵの代理店であれ問題がなかった。

一方、傷害保険は職業危険を基準としている。建設業などの経営者といえども、小規模の企業では経営者自らが現場指導をやり繁忙期には自らも作業をする。この時の危険作業中の罹災はどのように査定されるのか？

業務提携という関門は突破したが、実務応用編では詰めないとならないテーマが次々と出てきた。

大同生命との打ち合わせの当初、理解不能な言葉を耳にすることがあった。「標準体」とか「標準下体」という言葉であった。

要は標準的な健康体の人を意味し、疾患や問題を抱えている人を「下体」というらしかった。耳にした言葉などをリストにし、さらに大同生命でＡＩＵの代理店や社員に知ってほしい言葉とその解説を出してもらうことにした。

代理店と社員向けのマニュアル

二人しかいないプロジェクトでは、誠に広い分野調整が行なわれた。

佐保：折衝業務（大同生命本部、法人会・納税協会、大蔵省、国税庁など）

鈴木：営業推進（大同職員への傷害保険教育・訓練と資格取得指導、ＡＩＵ代理店への生保資格取得指導と営業指導、保障制度マニュアル作成など）

実はこの「など」が大変重要で、かつ時間がとられた。傷害保険のマニュアル作りは1週間ほどでドラフトを作り、損害査定部や傷害保険部のチェックを受けて準備ができた。

生命保険の仕組みを知るために大阪の大同生命に出張した。３日間の研修を受けたが、その内容は生保協会で行なう研修の詰込みだった。夜まで続いた大同の社員との情報交換の後に、早急に創り上げげないとならない生命保険の知識と営業トークを整理した。

この時に役立ったのが、ＡＩＵに入社する前に勤務した自動車会社での部品部門での経験だった。５万点前後の自動車部品を、車種別部品別にマトリックスを作って管理する手法を嫌々ながら身につけていたのだ。後に学んだＴＫＪ法（Total Kitajima Jirou 法という情報整理手法）に近いやり方で、３日間に詰め込まれた生保情報を整理した。

代理店と社員向けのマニュアルのラフ・デザインは1週間で完成し、総務部広報担当者からの紹介業者にデザインとレイアウトを頼み、印刷を依頼した。

その間に、掛け金表を挿入するので、いくらにするかという詰めに入った。

自動車保険の経験が役立つ

法人会からは安くて高額保障という線を実現して欲しいと強く要望されていた。生命保険の保険料をどのようにすると売れるか？　保険会社で損害査定に従事していた私は、料率などにあまり関心をもってはいなかった。しかし、日本の自動車保険が大変革をきたしたときの情報は持っていた。

国内社の自動車保険は保険内容があまりよくなかった。さらに「交通戦争」と言われて損害率が高騰したことから、保険料を一斉にUPした。

ＡＩＵでは新規引き受け条件は厳しいが、保障内容は元から良かったうえに、この時点で保険料が逆転して日本社より安くなったのだ。誰の眼にも、安くて保障内容の良い外資系の自動車保険が爆発的に売れると考えた。特に外資系の中では知名度のあるＡＩＵにとって絶好のビジネスチャンスが来たと思えたし、担当部門の役員もその気になった。

しかしながら、世の中の動きは違った。圧倒的な販売網の差と知名度の差はマーケット・シェアーにわずかな違いを示しただけで、飛躍的な増収にはならなかった。思惑とマーケットの動向、企画と現実とのギャップを学んだ。

法人会と納税協会の事務所々在地、大同生命の営業ネットワーク、ＡＩＵの支店・営業所を白地図にプロットした。学生時代の最後の5月の連休、地図を片手に日本橋から福島県の只見川ダム建設現場まで歩いて行った時の記憶が蘇った。

保険業界には、損害保険協会と生命保険協会がある。業界紙に「インシュランス」というのがあった。コンピュータ情報誌などもなかったし、生保の仕組みをほとんど理解していなかったが、過去のデータを眺めていると業界のトレンドが見えてきた。

横並び一直線の護送船団であるのは損保と同じである。保険業界の監督官庁は大蔵省（現財務省）、保険一課が窓口である。この課が商品の認可や規制をしていたので、新機軸を出すとか奇抜なアイディアはなかなか受け入れられなかった。

時代の流れと人脈、圧力の三つが、この世界を動かしている。その実例を挙げよう。

法人会の大型保障制度のプロジェクトに参画した後には、営業推進本部の立ち上げに関与した。そして営業企画部の責任者になった。

遊びの一環と時代を先取りしたくて、「ゴルファー保険」を考案してＭＯＦに申請した。保険二課長は、ゴルフなどという奢侈のスポーツ、しかもホール・イン・ワンの費用を出すなどというのは全く持って遺憾というコメントをくれた。時を待つしかないとアイスボックスに入れて忘れることにした。１９７４年のことであった。

１９８2年、他社が申請して「ホール・イン・ワン保険」の認可が下り、各社が販売することになった。たった8年未満でゴルフがそれほど普及したのか？　ホール・イン・ワンがそんなに出たのか？　大蔵省の担当課長などもゴルフをするようになったのか？　ゴルフ用具の普及やホール・イン・ワンの件数、賠償事故件数を調査すると判明するのか？　それもこれも、世間の風潮とさまざまな条件が満たされないと通らないのだった。

その後、日米通商条約や貿易摩擦がテーマになると不思議な現象が出た。外資系保険会社が申請した保険の審査期間が短くなり、認可がすぐに下りる。これは外圧を軽くするためのものだった。外資系保険会社の許認可はこんなに早く認められている、日本は市場を開放している、ということを示す効果を期待しての早期認可なのだ。

いつの時代も、人は難事に臨んだ時は変容・変節をするものだし、小学二年生の夏の事変（玉音放送）後に身近な大人の変容過程を目撃した者としては、この程度の変わり目は驚くほどではなかった。しかし、自分が企画申請したものが、「奢侈なスポーツ」という括りで葬られていたことに対する無念さは残った。

保険料（保障制度掛け金）の損金算入

法人などが支払う保険料で配当のないものは損金算入が認められていた。保障制度の営業パンフレットを作ったときに、「支払い掛け金は全額損金算入」という表示をした。

とある代理店に商品説明をしていたら、「損金算入はＯＫです、しかし配当がないからといっても、加入者は入ってから駄目といわれると困るので、国税庁の外郭団体の制度だというなら、そのお墨付きを取ってほしい」という。

ＡＩＵとしては掛け捨ての傷害保険であるので問題ない。一方、大同生命としては、集団定期保険を法人が制度採用した後に、損金算入したら所管税務署から認めないということのないようにエビデンスがほしい、損金算入を認めるという一筆が欲しいという。

大同生命は、無配当保険なので損金算入は至極当然だと考えていたが、これを機会に「損金算入を認めます」という正式なものを手に入れておこうということで、申請することになった。

私は役所への申請文章などは書いたこともなく、どのような書式かなどとかなり興味を持っていた。大同生命が申請した文書と役所の承認の文言を見て、あまりにもあっさりとしているので驚いた。

第４章　組織の違いの壁

制度推進上での問題点

法人会との折衝で、正式に組織としての保障制度として採用されそうだと確信を得始めていた大同生命は、業界初の高額保障金額に加え、さらに優位性を高め、他社の参入を許さないものにしたいという考えを持っていた。

それに異論はないのだが、私と佐保はＡＩＵの代理店が制度普及（商品販売）するうえで、手数料収入の魅力があるようにしたいと考えていた。

なぜなら、

・自動車保険の次の商品傷害保険がようやく認知されてきたところであった
・傷害保険よこんにちは、生命保険よさようならという社内標語が生きていた
・高額引き受けの場合、レントゲン撮影（携帯タイプのＸ‐線）機器を持参して審査医と同行する
・保険制度加入希望法人が全員でなかったときは、会費納入と全員化が条件となる

ＡＩＵの社員と代理店の、加入時の健康診断という新たな手間があるということに対する拒絶反応が気になっていたからである。

これを払拭するにはそれに見合うインセンティブが必要であった。

生保の手数料体系は契約の初回手数料が多く、継続手数料はほとんどないか、あっても微々たるもので

あった。後に知ったことであるが、集団定期保険という商品は法人向けの商品で、保障を主としたもので配当がない。その分、保険料が安いと同時に、募集手数料も安く、さらに継続手数料などはないのであった。

その背景には、契約募集行為と保険料集金のシステムが、生保では別体系つまり集金人制度と募集人制度の併設であることもわかった。一方の損害保険の代理店制度は、契約行為と保険料集金事務を同一代理店が行なうのが原則であった。

保障制度（商品）設計上での合意はできたものの、同じ保険という名称ではあるが、それぞれの発達経緯と歴史があり、そこに派生的な仕組みが加わっていて複雑怪奇に感じた。

どんなに良い制度でも実績が上がらなかったら意味がない。

大同サイドでは、ＡＩＵは保障制度の保険さえ提供してくれれば良いので、制度普及は当方でやる、ＡＩＵの代理店は生保の募集人登録をしなくてもよいという動きもあった。

大同生命で制度普及をしてくれるだけでも傷害保険の挙績があがるので、それも営業戦略的にはありだとも考えたが、全国ネットのかつてやったことのないマーケッティング・チャンスでもあった。全法連の黒田専務と相談すると、「両社（大同とＡＩＵ）の共同企画の保障制度であり、募集人の数や営業網の数に格差はあるが、両社協調路線で制度普及に励んでいただきたい」という託宣もどきの言葉をいただき、三者会談で双方の募集網で推進を図ることになった。

自分を売りこむことはあまり巧くないのだが、私は組織つくりや組織の売り込みは比較的上手であった。

黒田専務との個別ミーティングで、「ＡＩＵさんはこの制度を普及する上で今は何が問題ですか」と尋ねられた。保障制度の創設に熱心な方であるがゆえに、一刻も早く実績を出してほしいという熱意が見えた。

私は、どの程度の実績を出せるかの想定能力を持っていなかったのだ。社会人になった折に10カ月ほどの自動車会社での部品販売とカークーラー販売の営業現場体験は6カ月しかなかった。ＡＩＵ入社の面接試験では、自動車部品の名称を知っているという理由で損害査定部に配属され、いわゆるアジャスターを約8年ほどやってきたのみで、保険営業という実務体験はなかった。このプロジェクトに参画する直前の左遷現場では、ほぼ査定の仕事がないので、営業の新人ＩＳに同行して営業らしいことをやっていたくらいであった。

損害査定のアジャスターは、新人のときは自動車事故の車の損害額鑑定みたいな仕事をするが、徐々に対物損害の相手方との折衝つまり示談交渉から始まり、次は対人交渉つまり軽傷、重傷、後遺症傷害事案、死亡事案などの折衝・示談が業務となる。まさに悲惨な交通事故の極限状態の相手との金銭交渉である。

営業は失敗が許されるが、査定業務は逃げが許されない。

通常の飛び込み営業という体験は、数カ月やったことがあるが、この件は全国に一つしかない団体であり、ここがだめなら次があるさ、というわけにはいかない。

元々、企画立案やそのための交渉事は、大学時代の運動部創設や中学生時代のボーイスカウト活動などであまり苦にしていなかった。

前述のように、父親の筋から黒田専務の人となりの情報は得ていたので、ざっくばらんに制度推進上での問題点とＡＩＵの立場などを克明に話した。

代理店の手数料の問題

保障制度推進などというのは理と利のミックスであり、想定問答と対処の仕方、予期せぬ出来事の連続と都度出現するテーマを判断し、対処すればよいと考えていた。

制度推進上の役割として、「ＡＩＵは数値上では2割くらいを目標に営業努力をいたします」と約束した。そのためにも、代理店制度と募集人制度との違いを説明し、代理店は手数料上のインセンティブがないと営業努力はしない仕組みとなっていることなどをペーパーに纏めて提出した。

大同生命の本社折衝窓口は佐保の分担であったが、時としては交互に役割を演じた。

傷害保険の業務知識などは佐保のほうが当然のごとく持っていたが、対人折衝の極限状態での折衝持続力は私のほうが慣れており、条件折衝の何割かは私が引き受けた。

大同生命の鹿野・梅沢両氏は10歳以上年長であった。この時機の10歳の年齢差は、人生体験、折衝事などにかなりの差があり、時として齟齬が生じた。

しかし、全国初の保障制度の成功を願うという共通認識、目的意識は互いに強固であった。

黒田専務が四人の意思疎通上の問題について扇子の要の役を果たしてくださり、上手く機能してくれた。

大同生命の本社では、

・手数料体系の改定をどうするか?
・集金制度をどうするか?
・集団定期保険の募集手数料をどうするか?
・ＡＩＵからの代理店手数料は募集人に渡すべきものか?

・定期保険継続手数料を出せとのＡＩＵの要望に応えるべきか？
・保障制度の料率をどうするか？
など新たな問題を抱え、トップ・マネジメントも交えた検討が重ねられていた。

紆余曲折があったが、大同生命の経営陣は保障制度の掛け金を口座引き落としにすることが可能となったら集金人を使わないので、継続手数料を出してもよいという方向になってきた。

会員企業の保障制度加入費用負担を楽にするために
・掛け金負担を月払いにして
・団体割引を最大限に適用して掛け金を安くする
・保障制度が続く限り継続手数料を支払う
が基本的に決まった。

ＡＩＵ傷害保険料の割引率

次なるテーマは、ＡＩＵ傷害保険料の割引率であった。

傷害部にいた佐保とゴードー部長は、大同の募集人が保険の引き受け条件の勉強をし、傷害単種目の資格を取得することが条件なので、団体割引か多数割引を採用しようという腹になって来ていた。その要因の一つは、共同歩調で推進している保障制度で、片方だけが割引をしないというアンバランスが嫌であったようだった。

ＡＩＵ側の代理店の営業戦略を担当する者として、二人からどの程度の割引で行こうかという相談を受けた。相談というよりも二人しかいないスタッフで制度の推進を担当することになっていた私に軽く振ってきたのだと思う。なぜならゴードー部長も佐保も、私が営業体験を全く持っていないことを承知していたのだから。

私は割引に断固として反対した。その根拠は元受け保険会社が、制度発足と同時にショック・ロスが頻発したら、自動車保険と同じように撤退・引き受け制限などをすることを危惧したのだ。外資系企業に勤務して、彼らの経営判断の速さと長所・短所を一社員として、さらに組合の書記長・委員長を通じて嫌というほど味わっていたからであった。

引受保険会社はハノーバーではない。アメリカン・ホーム傷害保険の約款には即時解約だの保険料返戻だのという文言はない。しかし、販売開始と同時に、最高額５０００万円の加入者の重大事故が頻発したらどうなるのか？

事故などは、統計学のように規則的に発生するものではない。大数の法則というのは、分母がある程度できてからの論理なのである。学生時代最後の試験が統計学だったという記憶と数理の摩訶不思議な理論に、へそ曲がりな私は懐疑論っぽい不安感を持っていた。寄って来たる論拠があるわけではなく、保障制度の永続性を担保するには、とりあえず保険料収入が数億円になるまでは割引を適用するのは良くないと考えていた。

保険数理人（アクチュアリー）の資格を持っているわけでも、アンダーライターでもない私が、口を挟むのは筋違いとは感じていた。しかし、保険料が安くて商品内容が良くても、営業挙績は思惑通りには伸びないことを実感していた。前年まで味わっていたＩＣ／ＤＮＲという非情ともいえる自動車保険の顛末を思い出して、全国組織の保障制度として軽々に撤退だの料率変更は慎むべきだと強調した。

自動車保険の問題は自分の裁量ではどうしようもない事案であった。しかし、この保障制度はスタートから絡んでいる案件であり、制度が順調に推移し、ロスが安定したら割引率を適用したらよいと考えたからであった。

有難かったのは、上司の二人は営業畑であるが、組合の席で嫌というほど同席し、私はある時は頑固であるが、自分の欲得で考えていないことを承知してくれていた。

「傷害部長が割引率適用をしようというのに、何で You が反対するのだ」と言う。

「3年前の自動車保険の撤退騒動を思い出してください。NYの連中が、制度スタートと同時に5000万円の事故が頻発したら撤退という意見が出ない保証がありますか？　割引適用をやるなら、当初は再保険を90％くらいにしない限り危ない」と主張した。

営業担当の人物は、売る商品がすぐに撤退されたときの後遺症がいかに以後の営業展開に支障をきたすかの理解が早い。

「そうだな、アルと話してその線で行ってみよう」ということになった。

アルとは傷害部長ゴードーさんのニックネームで、アルバートから来ていた。ちなみに私の俗称は「エイセイ」であった。

大同生命側からは、「なぜAIUだけが割引率を適用しないのだ」というクレームが続いた。大同生命のスタッフも、傷害保険には割引制度があり、割引率なども資格試験の資料を読んで既に知っていたのだ。

傷害部長のゴードーさんから、「エイセイ、You はわしより硬いな」と言われた。

私は、IC／DNR騒動と大量解雇の危機を二度と味わいたくなかったし、全国的な組織の保障制度の掛け金が目まぐるしく変わるとか、支払い条件が変わるなどはあってはならないと考えていた。そんな私の一存だけで世の中が通るわけがない。

前述の黒田専務宛てのペーパーには、制度の安定運営上の問題として外資系企業の経営特性をしたためてあった。まずは保障制度がスタートし、外洋に出るまでは少し高めですが船を進めてくださいとお願いしてあった。

傷害部のゴードー部長は、大同生命との掛け金の最終折衝に当たって、

・集団定期保険の保険料と傷害保険料の差異に焦点を当てて、同額5000万円の保障であること
・死亡事故の発生頻度が傷害保険のほうが高いことなどのリスクを強調してもらい、取り敢えず割り引きなしの保険料でセット商品をスタートすること

の合意ができた。

番外ではあるが、ゴードー部長からは、「あんた、この件が落ち着いたら傷害保険部に来んか」と冗談ぽく関西弁で誘われた。彼は標準語と関西弁と英語を使いこなす好人物で、父上はイングランド銀行の日本支店長であった。

生命保険について情報収集

このプロジェクトに参加するまで、生命保険を考えたことがなかった。というより、個人的には自動車会社に新卒で入った時に、職域団体の募集で養老保険に義理で加入していたくらいであった。

友人知人に他社生保勤務の人がいたので、プロジェクトに正式に加わるまでに情報収集の場を作ってもらった。しかし、知りたい情報をまとめて持っている人はいなかった。

ＡＩＵに入社した当初に、大学の教授で保険の大家であった印南博吉氏の自宅を訪問したことがあった。

当時の出版物の著者紹介欄には著者の略歴と並列して自宅住所と電話番号も載っていたのである。まことに大らかな時代であったと言える。

むろん、その住所（千葉県の市川市）に手紙は差し出し、了解を受けて訪問し、「保険総論」とか参考資料を紹介していただいた。若気の至りで、「将来的には新商品を企画したい」などと軽々な発言をしていたが、好々爺になられていた印南先生は「大いに励んで日本の保険業界に新風を吹き込んでください」と言ってくださった。

しかしながら、入社後の配属先は損害査定部であるという皮肉な巡りあわせであったので新商品などとは十数年まったく縁がなかった。今回は生保のことを知りたくなったのでと指導を受けに伺った。「損保の世界から何で生保のことに関心を持ったのですか」の問いに、答えることができなかった。なぜなら、転属の話がまだ宙に浮いていたのと、先生が退官後に他社損保の顧問をされていたからだった。

しかし、その時に得た情報は、あくまでも生保と損保の違いくらいの軽い情報でしかなかった。同僚の佐保との仕事上の分野調整はしてあるものの、彼の毎日の折衝や交渉の中身は、即断即決が求められているものと持ち帰って回答するものになる。大変困難で一課長レベルで即決できるものではなかった。

損得勘定抜きで

業務部をはじめ役員も加担して取り組もうとしていた大同生命とプロジェクトができたことすら社内通達を十分にしていない。ＡＩＵでは物事の決定スピードが違っていた。携帯電話もない頃なので、公衆電話が唯一の連絡手段であった。

業務提携ができた当時、私は目黒のマンションから江東区の公団住宅に転居していた。その後に大同の鹿野氏の学友であった真田氏（新建設社長で後の日税サービス社の社長）のマンションを購入し、小田急線の千歳船橋から同僚の佐保と同じ駅から通勤することになっていた。

社内コミュニケーションを取るには、朝の通勤時間に情報交換をするしかなかった。

大同生命は当時の勤務制度が週6日勤務なので、平日は9時4時の勤務体制であったのに対し、AIUは週5日制度を採用していたので、9時5時なのであった。

ほぼ毎日夕方4時過ぎから、日本橋の大同支社かその近所の飲み屋で飲みながら打ち合わせた。というのも、AIUのオフィスは丸の内にあるパレスホテルに隣接したパレスビルにあり、当時丸の内の皇居近くには飲み会をしながら打ち合わせができるような店舗が一軒もなかったのだ。佐保と二人でつるんで4時過ぎに社を出るときの周囲の眼は時として厳しかった。それから深夜まで、呑みながらとはいえ長時間、さまざまな情報交換をし、対策を練っていたのである。急に面白い案が出たり、やりたいことが出たりした時などは、9時過ぎに社に戻って作業をしたこともあった。早朝に会議をするために朝の8時過ぎに出社して、前日クラークに手渡してあった手書き原稿を清書してもらったのを取りに行ったとき、運転手付きの車で出社した役員などから「毎日の飲みながらの会合も大変だね」と意味深な言葉を掛けられた。

この当時、プロジェクトには直接的な営業活動としての接待費の項目がなく、二人は自費で飲み会、打ち合わせを行なった。多額のときは時折り傷害保険部の接待費で出してもらっていた。傷害保険部はもともと直接営業をしていないので年間の接待費は知れていた。二人とも2年ほどは夏冬のボーナスを家庭に入れることができなかった。

変な話だが、出先から会社に電話をすると、クラークから「どこの誰それさんに至急に連絡してください」と言われる。

公衆電話で遠方に連絡するには100円玉を何枚も用意しないと仕事ができない。東京から北海道だの九州などに電話をすると日に物凄い金額となった。電話連絡の相手は会ったこともない人物であったり、保障制度の理解度が違っていたりするので、通話時間が長かった。経費精算をすると、「なぜそんなに電話代がいるのだ」という批判や非難が耳に入った。電話カードもない時代であったし、公衆電話の領収書などもない時代なので、反駁しようもなかった。しかし、仕事は成功させたかった。情報交換は電話しかないのだ。悔しかった。佐保と私は耐えて、飲み代だの電話代はほぼ自分達の懐から支払った。

四時半から話し込んでいると、鹿野さんから大同のどの部署の誰それを呼ぼうということになり、彼らは都合がつくと来てくれた。時としては大いに盛り上がり、彼らの助力を期待して二次会にまで発展した。営業推進部という受皿ができてやっと接待費が使えるようになったが、相手が多すぎて毎月大変な思いをした。

痩身で学生時代に肺炎を罹患していた佐保は、意志力は強いが、あまり体力的な無理が利かないほうだった。接待先からタクシーを利用して深夜に帰ることが月に4から5回はあったが、これについても交通費精算がしづらく、自己負担した。これらの積み重ねは辛かった。馬鹿げた話だが、手を染めた課題の成功に向かって損得などを考えずに突き進んだ。

私事ではあるが、私は新婚であったし、社内結婚であったので、妻は私がもらうボーナスの額はすべて掌握していたのに、2年ほどは一銭も手渡せなかった。佐保の奥方と妻は、子どもたちを近くの砧公園に連れていって、お金を掛けずに子育てをしてくれていた。

佐保も私も、世に言う接待などはあまり得意なほうではないのに、法人会、役所、大同、銀行のさまざまな部門の人物や代理店など、日によっては5時、7時、9時などという三つの離れ業を演じたこともあった。役員室からは「そんなにまでする必要があるのか」と訝しがられたり、経理部長からは通りすがりに「お体を大切に」と労りとも皮肉ともとれるお言葉をかけられた。その後に、役員室も二人の異常な勤務事情に、何とか配慮をしてくれたのは有難かったが、増員してくれたのは中途採用の新人とか全くの新入社員であった。これには参ってしまった。

生保と損保、リスク基準の違い——死亡率と損害率

人間は死を避けることはできない。Man is mortal. 生命保険は、男女による寿命の差、年齢による差、職業上の差と病歴・既往症が保険料の算出基礎となる。

これに比して、傷害保険は急激かつ外来の事故による怪我や死亡を保障するので、抱えるリスクが人間生活の部分は共通であるが、就労中のリスクに差異が出る。したがって、戦争などの非常事態を除いて出生から死に至るデータが数理的に整うと保険は成立するし、保険会社がどの層の顧客を選択する能力を備えるかが、死亡率に繋がる。

ちなみに損害保険では、日本とアメリカなどではリスクに対する基準が違っていた。

たとえば、地質学者を例にとると、日本の学者は断崖絶壁などによじ登って岩石や鉱物を探査することはあまりない。探査は院生の間に終えて、学者になってからは机上の講師となると思う。しかしアメリカあたりの学者はその後も現場に赴き、研究などをするというのだ。すると断崖絶壁によじ登ったり、谷底にロープワークで降りたりするので、落下危険などがあるのだそうだ。登山家ならともかく学者がそんなことをやるのだから危険この上ない。話を聞いて初めてわかるリスク規準であった。

幸いなことに、大学などの法人から保障制度に申し込むことがなさそうだったので、大同生命の募集人やＡＩＵの代理店にそのような説明をする必要はなかった。

ともあれ、生命身体に危害が加えられて、死亡すれば、生命保険と傷害保険の両方の補償が受けられる。病気などでの死亡は、生保のみ保障対象となる。これを図式化して加入者が理解して加入するようにする必要があった。営業担当者が理解して代理店に説明ができないと、制度の普及推進は成り立たないからである。

当時のＡＩＵの営業網は12カ所（札幌、仙台、東京営業部、赤坂、横浜、静岡、名古屋、京都、大阪、神戸、広島、福岡）、営業事務所として座間のベースとか横須賀のベースなど、小さな事務所がわずかにあるだけだった。そこに大同生命の支社・営業所からの募集人を、傷害単種目の代理店として登録し、資格を取得してもらうこととなった。

副業の公認？

大同生命としては、自社で採用し教育した募集人が、企業間で業務提携をしたとはいえ、ＡＩＵという外資系保険会社の指導・管理の下で損保代理店の資格を取得し、営業活動することになる。さらに、傷害保険販売手数料を他社から得ることになる。

大同生命は、今でいう、副業の正式認可状態となることを危惧した。大同生命の一部の人達からは「ＡＩＵの手数料は会社に帰属させるべきで、募集人には渡すべきではない」という極論まで出た。大同サイドの募集人とＡＩＵの代理店には、支払う生命保険の手数料体系を変えようという二重構造案も出た。

「傷害保険の手数料が入るのだから、その分生保手数料を減らそう」という案と、「ＡＩＵからの傷害保険手数料を会社が受け取る代わりに、集団定期保険の手数料を高くする」という案が出たのであった。

他社の手数料の支払い基準のテーマなので、口を挟む必要もなかったが、鹿野さんからそのような内部事情も話された。「保険業法に基づくテーマであったので、それはお止めになったほうが良いのではないですか」と言った。

「鈴木ちゃん、それはいい」と鹿野氏は本社に提言し、この問題は比較的早く鎮静化し、一本化となった。

この他にもさまざまなテーマが出てきた。

保障制度を支える保険会社の社内問題ではあったが、黒田専務を交えた懇話会（定期的な進捗状況説明会）で、黒田専務には水戸黄門的な役割をお願いした。専務理事ではあったが、大学の教授である沈着冷静な論理性で、問題解決に貢献してもらえた。

営業スタイルの違い――プロジェクトでのとまどい

突然参加したプロジェクトで、当初私は、何をどうしたらよいのかがまったくわからなかった。生命保険会社との提携のいきさつを聞いたが、進むべき道とその到達点が明確でなく、かつリーダーシップを誰が握っているのかが見えなかった。

・大同生命を通じて持ち掛けられた法人会という組織の保障制度の片棒に選ばれたこと
・業界初の生損保のタイアップ保障制度（商品）であること
・ＮＹ本社も賛同したプロジェクトであること

これがこのプロジェクト参加当初の感想であった。

しかし左遷現場・千葉事務所からの脱出は成功したので、この新たな環境で自分の出番を模索できるとは思っていた。これまでの社内での環境としてはあまりにもテーマが違い過ぎていたことと、規模が大きすぎた。

問題や課題を抱えると、動きを止めて日に何度か黙考する癖が元々あった。勉学好きではなかったが、中学生時代の国語の教諭が日に三省を行ないなどと教訓を垂れていた。母の実家が神保町の三省堂書店の近くで呉服屋をやっていたことや、本が好きで古書店街を覗いていたので「三省」という言葉には強く惹かれていた。他人はその姿を見て、「怖気づいているのか」とか「自信なさげだ」と気にしてくれたことが多かった。個人的には今抱えているテーマにどう取り組むべきか、頭を下げて撤退すべきかなどを考えているに過ぎない。少しも問題ではなく、想像・連想ゲームを楽しんでいるだけだったのだ。

中学生の頃にボーイスカウトの活動で、テントと寝袋と僅かな小遣いで富士五湖巡りを実行したことがある。小集団での踏破だった。1950年頃の山梨県の富士五湖周辺は、ほぼ農家と山林だった。食料買い出しは難しく、現地調達。農家から野菜を分けてもらうことから始まっていた。農家があるかどうかが命綱だった。ボーイスカウトの訓練であり、隊長からは少ない資金での調達を依頼されていた。私は都会のやせた少年で、同情に値したのか、農家からは旬の野菜と貯蔵の野菜などをかなり戴いた。

翌日の歩行計画を、地図片手に夜のテントで考えているとき、「このリーダーで大丈夫か、不安を感じていた」と後に後輩に話された。そういう意味では私は、泰然自若とした先見性のあるリーダーとは映ってなかったのだろうし、そのときもそうだった。

佐保との打ち合わせで、「自分にすぐにできることから手伝う」と話をした。法人会や大同生命との折衝は彼に任せるしかない。話の中身から近未来の課題を探った。

その1は、私がこの環境を理解することと、将来展望を仮想・連想することが必要だと考えた。集めた情報から法人会の組織図を見て、これは大きな団体だと感じた。40都道県の団体（沖縄は米国の占領統治下であった）で、加入法人が会費を払っている国税関係の外郭団体だということがわかった。わずかではあるが国政に関わる人脈を持っていたので、頭の中に地図が浮かんで、これは大変な運動量がいると感じた。

まず、差し迫った営業活動に必要なことは、情報の収集と提供だった。

・どんな商品であるか
・どんな組織の制度（商品）であるか
・販売に付随する作業には何があるか
・セールスするにはどんな資格が必要か
・それにはその働きをする両社の社員にどう伝えるか

後に見抜かれたのだが、私は自信あふれる押出の良いタイプの人間ではないので、初対面の人との出会いで拒絶反応を受けることは少なかった。

大同生命の二人

1971年5月6日、プロジェクトに参加した当日の朝、役員二人に挨拶をした。不思議な感覚だった。10カ月ほど前に左遷の辞令を出した当事者たちであったからだ。充分な顔見知りであったが、すでに環境が違うので、短く「よろしくお願いします」とだけ頭を下げた。一人は「ウム」と頷くだけで、もう一人は「しっかり佐保と連携してやってくれ」と言った。

直後に大同生命の日本橋支社に行き、鹿野、梅沢の両氏に会った。異動の辞令は口頭で出ていたが名刺ができていなかった。佐保が相棒となる私をどのように紹介していたかは知らないし、聞いたこともない。大同のお二人は、初対面の私を「頼りないあまり自信のなさそうな奴」と思っていたかもしれない。対照的に佐保はかなりシャープで、どちらかというとメリハリをハッキリつけるタイプだった。

一方、私は個人的にはかなりのおしゃべりでどうでもよいことは話すが、仕事上の重要なことは聞くことを主体にすることが多かった。というのも、損害査定などという職務は、保険金を支払うか、拒絶するか、いくらで示談するかなど、金銭上の交渉を主としていたので、会話の端々のニュアンスが大きく影響することを嫌というほど体験していたからだった。死亡事故の交渉相手の自宅、加療中の病室、燃え落ちた建物の脇などで交わす第一声は、その後の交渉に重大な影響を与える。

元々このような仕事は、利害関係が生じるストレスの多いものであり、時には何でこんな分野に配属されたのかと嘆いたこともあった。ただ、生来の性格が能天気なタイプであったので、周囲も査定の仕事は大変ですねとか、仕事上の難易度などに同情してくれることはなかった。

大同生命のお二人はすでに四十歳の半ばであり、人生経験も深く、生命保険の販売前線で多くの人との折衝に長けていた。彼らが私をどう見るかはわからなかったが、私は瞬時の印象で二人の性格の違いはわかった。さりげなくそれなりのチェックを入れてくる言葉から、自分なりの対応のヴァージョンを固めた。

その日は軽い打ち合わせを通じて、今後の仕事を進めるうえの能力査定をされているようだった。

何はともあれ、

・法人会に一緒に顔を出してほしいこと
・生命保険の仕組みを理解してほしいこと
・大同生命の本社に研修で行ってほしいこと

などを要請された。

それに加え、大同の営業職員や募集人に傷害保険の知識をわかりやすく説明してほしいというものであった。初対面の紹介にしては随分と要望の多いものだった。それだけ緊急の課題を背負っているのだな、という印象でその日は終わった。

協同作業の開始

仕事の優先順位を決めようにも、方向性の解説も、指示も、あまり明確でなかった。要するに当事者の皆が暗中模索で、新たな保障制度を通じて大きな団体に、大同生命は生命保険を、ＡＩＵは傷害保険を売るというプロジェクトだということを実感した。

自分なりの当座の優先順位は

・名刺を作る
・これまでにもらった情報を整理する
・大同生命本社に生命保険の研修に行く
・歩きながら考える

であった。

制度募集のパンフレット作成、営業マニュアル、セールス・エイド作成などの課題もあった。仕事上で印刷物などを作ったことはなかった。中学生の修学旅行でクラスの旅行記を編集したり、AIU入社1年後に損害査定の仕事のフローをまとめてみてガリ版刷りで作成し、同期の仲間などに配ったりしたことぐらいだった。

保障制度発売が迫っており、それに合わせて準備するものが次々と出てきた。

佐保はシャープな人間であるが、文書系は任せるという。大同生命の見ず知らずのパンフレット作成担当の人物から電話があった。「法人会の名称でパンフレットを作成するが、AIUの保障の概略を教えてほしい」と言う。営業用のパンフレットなどは、作ったこともなければ、考えたこともないので、「そちらの構想を教えてください」と頼んだ。

だんだん読めてきたのは、どんなものを考案しようと、最終決定は団体つまり法人会の専務理事を経由するということだった。

未知の仕事の連続

目の回るような忙しさが毎日のように続いた。移動中の電車などで原稿を下書きし、大同生命の支社でファクスを借りて送信したりして間に合わせていた。

印刷物の校正の後にほっとして移動中に気になることがあった。保険料の数字に見慣れない数字があったように思えた。手が疲れないように移動中の原稿は鉛筆の2Bで書いていた。私は自他ともに認める悪筆で、例えば数字の9と7は判読が困難だとよく社内では言われており、クラークからも文句を言われていた。

損害査定部の時代は、社内のレポートは英文タイプライターだったので、打ち間違えはあっても修正したので読み間違えられることはなかった。今回は日本語での作成で手書きしかないのだ。労働組合の情報誌や今回のプロジェクトでの下書きはすべて手書きで、クラークや仲間が校正の段階でいつもチェックしてくれていた。

しかし今回の印刷は大同・ＡＩＵ二社の共通パンフレットであり、印刷会社が異なっていたので社内のクラークによるチェックがなかった。つまり自分で書いた原稿を印刷会社が印字し、それを自分で校正をしたのだ。セルフチェックの甘さが出た。移動の乗り継ぎ駅で公衆電話に飛びつき、クラークに原稿とのチェックを頼んだ。案の定、９と７の違いなどが見つかった。その他にも、てにをはなどに問題を感じると指摘され、印刷会社に修正の連絡をし、１日の猶予をもらって事なきを得た。

新しいことばかりだった。生保と損保のセット商品の違いを理解し、さらに大きな団体の保障制度の仕掛けで、掛け金を銀行口座での引き落とす（後述する）という仕組みの未知の仕事の連続である。次々と出てくるテーマは、半分以上が予期しないことであった。

周囲の人は、佐保と私に「そんなに二人きりで抱えずに手助けを頼んだら」という。

ある時に、ならばと、状況を説明して、「これらのテーマは今日明日中に答えるものと、近日中に回答を出す必要がある、やってくれるか」と問うたら、「無理だ」と投げ返された。

上司の役員の一人から、「どの程度の人間をヘルプとしてほしいのだ」と言われた。「自分と同じくらいのがほしい」と言った。「どこにいるのだ」と聞かれたが、同じような人材を探すことができなくて返答に困った。

プロジェクトの上司の一人は、大阪に転勤していたころの支店長で、私の「学業」成績を知っているのだ。「学業」というより、支店から三人ほどが近畿地区の損害保険協会の年間講座に指名されて出ていた。この講座の困ったことは、卒業式があったようで、各社の役員の前で成績と会社名と氏名を成績順に発表していたようであった。当時の上位会社（東京海上、安田火災、三井、住友など）は、受講生が毎年トップを取るように競い合い、前年の卒業者がノートを後輩に回し勉強に励んでいたそうであった。

この講座は毎日、夕方の4時半から始まっていた。前述のように、当時日本の会社の多くは、週に6日勤務で9時〜4時だったので、それに間に合わせて4時半授業開始なのだ。ＡＩＵは週5日制度を採用していたので9時〜5時だった。内務系の社の仲間は、上司の理解もあって4時に社を出て最初から講座を聞いていたようであった。

私の職場は折衝や査定が仕事で、火災現場検証中や事故の折衝中に、「勉強会があるのでまたにして下さい」とは言えない。ほぼほぼ遅刻か休んでいた。教科書があったので予習でもすればよいが、あまりやらされる勉強は好きではなかった。

一番の失敗は葛城という先生の火災保険の講座だった。私が休んだ日に、彼の持論である「日本では地震保険は成り立たない」という講義があったそうである。テストの問題に「地震保険ついて述べよ」という問題が出ていた。講師が授業で成り立たないと論じているとは知らず、査定部にいた私は、自動車保険の自動車強制賠償責任保険を思い浮かべて、滔々と「国と保険会社の折半で地震保険は成り立つ」と書いていたのだ。この講座は及第ぎりぎりの点数しかもらえなかったのだろう（数年後に私の案に近いものが「地震保険」として発売されたが）。

支店長室に呼び出された。「お前はもっと頭が良いと思っていたのに、俺は今日恥ずかしい思いをしてきた」と言う。「なぜですか」と聞いたら、損保講座の結果発表に行ったら「お前の名前の後は一人だった」と言う。つまりゴルフでいうところ「ブービー」が私だったらしい。

その支店長が上司の一人であるから、「自分と同じ程度の人間をほしい」という私をどう思っただろう。「人事部と相談しろ」というので、面談の機会を作ってもらった。

旧知の人事部長である。組合活動でさまざまな交渉事や意見交換をやっていたので、私の手の内は知られているし、私も彼の人柄と能力が読めていた。組合時代には次のような「実績」があった。

・どんな手段を使っても大量解雇を避ける
・組合を分割させない
・ストライキをやるかもしれないとブラフを掛けて上部団体（全損保）に相談に行った
・上部団体が当てにならないとわかったのでストライキ期間中の休業補償の手当てを始めた
・証券会社からの転職者に組合の定期預金を運用するよう検討させた
・入社後の試採用期間（Probation）を廃止させた
（新卒、中途採用共に試採用期間があり、長い人物は1年も延ばされたのがいた）
・会社の費用で社員全員の意識調査を実施した
・3月に新たな臨時給与（0・5カ月）を払わせた
・就業時間内に臨時組合大会を認めさせた（NYとの時差に対応するためと称して）

「やあ、新しい仕事はどうだね」と聞いてきた。

「呼吸困難な日もありますよ」と言ったら、「あんまり無理をすんなよ」と労わってくれた。この忙しさは、彼が「どうかね」と投げかけてくれたプロジェクトだったのに。

人事部長は、私が仕事では手抜きしないことを充分に知り、かつ理解してくれていた。「睡眠時間の不足と神経の使い過ぎで息苦しい日もあるのですよ」と本音をぶつけた。社内でわずかに本音トークのできる人物なのだ。「人を探してくれという話は聞いているが、あんたのほうが良くわかっているのじゃないのか」という。目星しい人材を口にしたら、「当たってみる」という返事だったが、結論は所属長が駄目だと断ってきたようだった。

営業推進部が発足した後も、その中でも我々は特異な存在になりつつあった。今でいう、電力会社の中で原子力発電部門が独自性を持ちすぎているようなものだったのだろう。

一人何役も

「佐保と鈴木は、部下の養成能力に欠けているのではないか」とか、「仕事を丸抱えして譲らないのではないか」などという評判も耳に入っていた。人の評判は気になってもいたが、そんな些細なことにかまけていては仕事が進まないので、無視することにした。

軌道に乗せる、そのために今やることは何かの優先順位を決める。社内での少々の軋轢や上司を含めた仲間との意見の相違は、いなしたりしていた。そのためにある種の〝敵〟が社内にできていたが、ほとんどが上位者との闘いであった。

上司の常務たちからは、社内でのさまざまな反応があることを伝えられ、「上手く対応しろ」とか「他に方法がないのか」などと質問や詰問・アドバイスがあった。戦争で言うと、作戦本部、前線での匍匐前進、ゲリラ作戦などを同時に二人でやっていたのだから、方々でぶつかり合い摩擦が生じていた。

ある時、ふと思い出した言葉があった。アーチェリーでの師匠であったヤマハの社長、川上源一氏が、「君、会社を回すときは、元気の良い私大の社員と国立大の社員を使い分ける必要があるんだよ」と言っていたのを思い出した。「東大生などに新規事業を任せると、失敗を恐れるから遅い。しかし軌道に乗ってきたら、その後の展開ではしっかりするよ」と言われていた。

車中で運転手と三人きりの会話であったが、「私大出の私はどう評価されているのか」と思いながら、「そんなもんですか」とあまり関心のなさそうな反応をしたのを思い出した。

それで、間もなくこの保障制度が軌道に乗ってきたら、斬新なアイディアを出すことよりも、諸事を上手く処理できる人材を半分入れることにしよう、と考えた。

時おり、上司は役員室の前に佐保と私二人がいる時を見計らって、「飯を食わんか」と声を掛けてくる。進捗状況を把握したいのと、支店長や代理店から寄せられる苦情を伝えたいのだろうとわかっていた。秘書は気の利く人材だから、たまに通路ですれ違うとちらっと話しかけてくれる。組合委員長時代に、「彼女たちは、会社の重要情報をタイピングやスケジューリングで知るので、非組合員にしてほしい」と役員会から持ち込まれたことがあった。ある意味では理解できたので、まずは「本人たちの意向を打診してから答えます」と受け止めたことがあった。

その折、秘書たち全員との会合を数回持った。人の集まりはさまざまな反応が出るのは当然だったが、思いもかけない反応もあった。そうした対話から皆と顔見知りになっていたので、もともと愛想の良い彼女たちは、何事もとりあえずは受け付けてくれた。

出先から上司に連絡するには秘書を通じる。すると、「こんなことを知りたがっている」といった前情報が入り、有難かった。

会話と共通項

大同生命の本社は大阪であった。私は損害査定部時代、大阪に3年ほど勤務していたことがあったし、父の転勤で神戸に生まれ、その後に大阪の小学校に転校して3年ほど通学していた。小学校だけでも5つを転々としていたのだ。戦中戦後の時代としては珍しい存在だった。

心斎橋駅、御堂筋から近い大宝小学校といい、東京でいう泰明小学校のような都心の小学校だった。戦後の焼け野原で、今もある大丸とそごう（当時は米軍に摂取されていてＰＸ）が家のすぐ近くにあった。

卒業年度の夏にまたまた父の転勤で離れたが、小学生の頃友達とは大阪弁を話していた記憶がある。大都市の変遷はめまぐるしかったが、人間はあまり変わらない。

母が江戸の人間であったので自宅では関東弁であり、出張の折も関東弁で話した。都合6年余の大阪を知る人間としては、大同生命の本社の人間との折衝で言葉の壁や戸惑いはあまりなかった。

人は出身地の訛りは抜けないし、話しかけてくるテーマが難しくなると訛りがでる。見解の相違や善後策での立ち位置にかなりの違いがある時は、時折り話題を変えて、「ところで、ご出身は？」と聞いて、矛先を変えたことがあった。

突然の話に「何で？」と関西弁で返してくる。「実は大阪に住んでいたことがあって、大丸のそばにある大宝小学校に卒業手前までおったんですよ」と言うと、「えっ」と言って対応が変わってくる。誰もが知っている御堂筋と大丸、そごうであり、そこのそばにある小学校に通学。母は神田神保町の呉服屋の娘だったので家では関東弁でずっと暮らしていたが、大阪は都合6年ほどいた。子どものころは、焼け野原の街中を長堀や道頓堀で釣りをしたり、あそこにある商店は同級生の家だったなどと話した。

不思議なもので、提携会社間の打ち合わせではあるが、目の前のテーマでは、それぞれの部門の代表として自社に都合のよいように取り決めたくなっている。それゆえに難関になり、乗り超えるのに時間が掛かるのだ。

「早ようそれを言うてください」「じつは私は大学はどこそこで」「出身は云々」ということに話が展開する。このような展開になると、人間の相互の距離感はぐっと近くなるのだ。

これは、自動車会社での飛び込み営業での体験と、損害査定部で悲惨な被害者との示談交渉で知らず知らずに身につけたものであったのかもしれない。

互いの見解の違いや自分では変えられないテーマは持ち帰ることにした。東京へ帰る列車の時刻にゆとりがあったり、気分が合った時は、飲みや食事に移った。

言葉の違いや価値観の違いは当然なので、いかに早く共通項を見つけて、やるべき仕事を早く進めるかである。融和できないことはアイスボックスに入れるか時間をかける。今できている接点の中で仕事を進める。稚拙であったろうが少しずつ前進はしていた。

営業スタイルの違い2――直販社員と代理店

大同生命の営業社員は主に新規営業のみを行ない、保険料の集金業務は行なわないことがわかった。このプロジェクトに参加した当初は、生保と損保の営業スタイルの違いはかなりある、くらいの軽い気持ちで理解していた。それは簡単な問題ではなかった。

損害保険協会で行なっている全保険会社の社員向けの損保講座を受講して、かなりのカリキュラムを一応卒業はしていた。

そのカリキュラムに「保険会計」というのがあった。その中身と実務とは異なる。保険料の入金確認を営業担当者はもちろんだが、損害査定部も入金確認ができないと支払いもできない。

・制度加入者の閲覧可能なリストを作成しないとならない
・事故が発生した月の保険料（掛け金）が支払われているかを確認できるものを作る
・生保と損保の保険料を合算してどのように集金するか？
・保障開始日はいつにするか？
・掛け金領収書（合算保険料領収書）はどこの名で誰が発行するか？
・損保は月払い保険料でも集金ごとにカバーノートを記載し、発行している。今回はどうする？
・生保の集金領収書発行は？
・大同生命の営業職員は営業職で、集金業務をやったことがないことが後で判明した
・当然のごとく、法定帳簿記載などという面倒な作業をやったことがない

このプロジェクトは、大同生命の先導でスタートし、法人会の意向で商品設計が行なわれていた。

ＡＩＵとしては、ＮＹ本社も巻き込んでの提携ができ上がっており、ＡＩＵは商品提供と保障制度設計での下支えをすれば良いと考えていた面もあった。私はつい最近半年遅れで参画した人間だし、新たな仕事に自分の出番を探しながら貢献できれば良いくらいの軽い気持ちがあった。滞りなく船出をしないと、ＮＹから日本人経営陣が馬鹿にされる。

今回のプロジェクトを通じて佐保とは、「将来的に日本出向のアメリカ人を減らそう。日本的な組織に変更しよう」などという妄想を描いて酒を楽しんでいた。なぜなら、トレーニーとして派遣されてくるアメリカ人の経費は、すべて日本で負担していることを知っていたからであった。彼らの給与はおろか全てのコスト（給与、家賃、2年ごとの休暇帰国渡航費など）が日本の経費で賄われていることに憤りを感じていたからである。

出向役員クラスのアメリカ人は指示命令が多く、トレーニーは2年ほどの短期滞在で、研修かたがたの成果を手土産に、本社に帰っての昇進を思い描いていたのだ。円ドルとの換算レートの違いもあったが、一人の外国人の総経費は、数十人どころではない日本人社員の給与に匹敵していた。

日本人役員にその点を追及したことがあった。「日本は支店と同じような存在なので、その点には触れないことも大切なのだ」と回答されていた。その隷属的なことが血気盛んな佐保と私には許せなかった。プロジェクトを進めながら、成功した暁には社内体制の改革と対NY本社との力関係を変えようなどと、力もないのに妄想を楽しんでいたのだ。

現実のプロジェクトは、濃霧、整備不良のような状態で、泥船で大海に漕ぎ出してしまったような状態だった。

集金方法は？

船出や飛行の直前になって、構造計算のし直しに近い重大テーマを抱えた。

セット商品の掛け金をどのように集金し、どこに集約させ、引受保険会社への入金をどうするか？　これが大問題だった。

大同生命の小川という支部長が、この保障制度の掛け金は、ガス・電気・水道・NHKが採用している口座振替制度でも利用するしかないという。数千人という、集金実務をやったことのない営業マンに帳票の記載・保管をどう教育したらよいか？　カバーノートの自主管理などできるのか？　とりあえずのテーマは集金の仕方であった。その後が内務処理なのだ。金が入らない保障制度は成り立たない。

日本橋にある三州屋という一杯飲み屋で、顔は真っ赤になっていたが、心は凍り付き真っ青になった。保障制度の発売時期はもうすぐそこにあり、タイムテーブルは自分たちで作り、募集人や代理店には「この保障制度はこれからの新しい時代の営業スタイルである」などと大見えを切ったセールス・エイドを書いていたのだから。

第5章　さらなる問題が隠れていた

生保営業職員は集金しないし、帳簿もつけない？

大同生命の大阪本社に出張した。業務部門と法人会向けの諸施策の微調整や、納税協会との進捗状況の情報交換を終え、次に内務課長、係長との面談で代理店契約の内容などを話し合った。

内務系の人が、「よく読むとうちの職員が法定帳簿を付けなあかんようになってますが、あれはどんなものですか」という。「どんなもんですか」と問われた私は、恥ずかしながら法定帳簿を見たことがなかったのだ。

法人会のプロジェクトに関与してまだ日が浅かったのと、当時のＡＩＵは新入社員が入っても教育研修は所属部門別で、全体の研修は少なかった。まして、損害査定部に配属されたままの私は、営業内務の帳簿記載業務に関しての知識を全く持っていなかった。予期せぬ問いに、顔面は真っ赤になり、汗が噴き出してきた。

一呼吸を置いて、このプロジェクト参加の経緯を話し、「過去の職務経験を活かして、御社の営業職の方々に傷害保険の商品説明と保険金請求の流れなどを情報提供するのが主な任務です」と正直に話した。保険という言葉は同じでも、さまざまな違いがあることをさらに知った。知らねばならぬ違いをリストアップすることにした。

相棒の佐保に、大阪から東京に戻る新幹線のホームから「法定帳簿の件を知っているのか」と電話で問うた。「知っているがそこまで手が回らなかった」という。

間もなく営業実務がスタートし、保障制度の掛け金（保険料）の引き落としが始まる。法人会の集中口座に入金した時点で、代理店は帳簿を付けないとならない。しかし、大同生命の傷害単種目の営業資格を取った人たちは、集金はおろか、帳簿など記載した経験がないのだという。

帰路の新幹線（当時は4時間の間）では頭の中が真っ白になっていた。怒る先も見当たらず、無知を嘆いても仕方がないし、この現実をどう解決したらよいのか？

翌日は休んで、振り返りをし、反省と対策を考えようとした。

佐保とは一駅もない距離に住んでいるので、出張のない時は佐保が私の家に立ち寄って駅までの間に情報交換をして同じ電車で通勤していた。その通勤時間が情報交換の場だったのだ。いつもは私が玄関に出て一緒に駅まで歩くのだが、その日は玄関から居間に入ってもらった。背広を着ていない私を見て彼も察していた。「悪いけど、2、3日休ませて欲しいと役員に伝えてくれよ」と言った。プロジェクトの上司は常務二人であった。佐保は悄然として無言で駅に一人で向かった。昨夜までの出張の中には、すぐに解決に向けて動けるテーマも山ほどあった。しかし、それを解決しても目先の重大案件を解決できなければ、この制度は頓挫するのだ。

制度開始寸前、帳簿問題が最大のネックに

目前の難問をどう解決したらよいのか？　考えても名案は出てこなかった。私にとって想定すらしたことのないテーマだったのだ。

いっそのこと管轄部門に相談しようと、自宅から経理部に電話をした。経理部長は「そんなことも考え

ずに、ことを進めてきたのか」ときつく攻めてきた。「課長も交えて何とか相談に乗ってほしい」と昼から出社し、一階下の部門に出向いた。彼らは、私が内務の情報を持っていないことに同情はしたが、保険会社としては避けて通れない内務事務で、代理店の仕事の一部であるという。

当時、ＡＩＵには代理店部という組織がなかったので、帳票の管理などは経理部の所管、登録は総務部の所管となっていた。プロジェクトが発足しているのは経理部長も知っていたのだから、「帳票の管理を所管とするあなたたちが、率先して行動すべきなのではないか」という文句が頭に浮かんだ。しかし、ここで責任の擦り合いや愚痴を言い合っても前進しない。ぐっとこらえて傍らにいた元組合の幹部の背中に手をやって、「やあ」と挨拶をしてその場を離れた。

その夜、相棒の佐保が「大阪の出張内容と取り決めたことなどの情報交換をしたい」と言ってきた。大阪での情報交換をきっかけに口数を減らした私を何とかしたかったのだろう。

銀行口座振替による掛け金の集金システムは、二歩も三歩も進んでいることなどを伝えた。しかし、あらたに出てきた帳簿の問題が最大のネックになっている。このことは傷害業務部門にいた彼は充分にわかっていた。平素重要案件以外は軽口をたたく私が無口なので、飲むこともなくその夜は一駅違いの自宅にそれぞれ別の電車で帰った。

頂上が目の前に見えてきたのに、この登山を断念せねばならないのか？　大同サイドはこんなことで保障制度を断念することになったら怒り狂うだろう。大同生命としては「損保の法定帳簿の記載義務などはお宅のテーマで、解決策をとっくに考えておくべき事案だ」というだろう。

法人会は、「折角の大型保障の制度設計や口座引き落とし制度が完成直前まで来ているのに、何という不手際なんだ」というだろう。

保障制度の推進マニュアルやセールス・エイドには、制度の特徴や利点、加入者のメリット、営業マン（代理店）のメリットなどが満載されている。大同の募集人は、会社の方針で嫌々ながらも傷害単種目の資格を取ったが、彼らはまだ保障制度でのメリットの欠片すらも感じてもいないのだ。

「毎月新規契約を10件取って1年たつとこれだけの手数料になります」とバラ色の設計図をグラフ入りで書いてあり、「生保の手数料と損保の手数料があなたの人生を豊かにさせ、同時に顧客の企業防衛に寄与することができます」などと書いていた。

その文言は私が書いたのだ。その内容は嘘ではない。しかし、その通りに契約が進むと、毎月の口座引き落としのたびに、全契約の掛け金の収支明細書と契約台帳を書かないとならないのだ。高額保障だけならまだしも、幹部社員の契約などは少額だろうし、その数字や契約者名、保険期間などを毎月書く手間は大変である。

生命保険の営業職員は、損保の代理店と違って指揮命令系統がしっかりしているかもしれないが、過去にやったことのない業務を傷害保険の代理店手数料でやれというのはなかなかに難しい。

大蔵省にさぐりをいれる

自分で書いたマニュアルの中の契約件数1年分をカウントしてみた。

身内の経理部の情報だけでは面白くないので、監督官庁の真意を確かめてみたくなった。財務局か大蔵省の保険二課（損保担当で、一課が生保）で確認するしかない。

この当時、ＡＩＵにはＭＯＦ担というのがいなかったし、新商品の認可申請などは各部門が個別に申請していた。ＭＯＦつまりMinistry Of Finance（大蔵省、現財務省）の課長などはエリートコースでほぼ

2年ごとに交代しており、実務知識などをさほど持っていないのはわかっていた。外資系保険会社のプロジェクトチームの一員が保険二課長に直接ご意見を伺うなどというのは、業界の常識に悖《もと》る。

私の知り合いで大蔵省に近い人物は一人を除いていなかった。元大蔵官僚で、当時は衆議院議員をやり、外務大臣をやっていた愛知揆一氏であった。

私が趣味で大学時代にアーチェリーを始め、大学に部を作り、アーチェリー協会の設立に学生時代から参画していた。1966年に国際アーチェリー連盟に加盟することになり、アーチェリー協会を連盟に改組した。この時に、愛知さんの養女である愛知絢子さんとは仲間であった。私や早稲田の細井さんは、彼女の大学、日本女子大のアーチェリー部発足にかかわり、私が補助コーチの役目をしていた。協会の会長で師でもあったヤマハの川上源一氏や小沼英治氏が手を退き、愛知揆一氏に初代連盟会長になっていただくべく動いていた。

その後も、愛知会長とは幾度かの接点を持っていたので、大臣秘書に電話をかけた。当時は、沖縄返還の時機であり、沖縄にAIU琉球を持つことなどから、私設情報交換会の末席に座らせられていた。これらの呼び出し窓口の秘書とは昵懇であったので、お願いをした。

「国税庁外郭団体の法人会と保障制度を作りかけているのだが、暗礁に乗り上げている」と実情を打ち明け、「知恵を借りたいので、勉強先を紹介してほしい」と相談した。

秘書からの結論としては、「財務局が検査対象にする案件なので、電話をしておきました、会ってみてはいかがですか」ということになった。

紹介してもらった財務局の人物に会った。

「突然、法人会の保障制度プロジェクトのメンバーになり、お恥ずかしい話ですが勉強不足で、こんなテーマに困っています。このテーマをクリアしないと制度が前進できないと思われるので何としても解決策を考案したい。ついては、代理店業務として何をどのタイミングで、どのようなデータを揃えていればよいのでしょうか？」

まるで保険業界の人間ではないかのように、初歩的なことを臆面もなく切り出した。

保険会社の社員らしからぬ質問にも、係官は優しく面談して応対してくれた。紹介のお陰なのだ。示されたものは、こんなものであった。

「損保代理店の手数料には、営業にまつわる集金、事務処理・帳票記載までが含まれています。仕事のうちで記載に関しては保険始期と契約者名、被保険者名、保険料が記載されている書類が完備しているかどうかです」という。

「契約者からの保険料受領時点で、そのデータがあれば、つまり代理店が完備または保管していればよろしいのでしょうか」と念を押した。

・必要十分条件は何か？

・その帳簿は自筆である必要があるのか？

「何を想定して言われているのか判然としませんが、手書きだとかが問題ではなく、今申し上げた事項が記載されており、監査に耐える状態なら問題はないと言えます」と話してくれた。

「これを文章でいただくわけにはいかないでしょうね」と言ったら、「お宅にはうちのＯＢがお世話になっているはずですから、よく相談されたらいかがでしょう」とお答えいただいた。ＡＩＵは、その頃すでに、大蔵省財務局からのＯＢを受け入れていたのだ。

コンピュータ・システムを使えば、問題はクリアできる

その日の夕方、知り合いの代理店から収支明細と契約台帳の写しをもらった。初めて見る書類だった。パレスホテルのバー・カウンターでごく薄いホットウイスキーをテーブルに置いて資料を眺めた。

大学三年生の時にアーチェリー部を創設したかったので大学当局に相談に行った体験がある。体育課という窓口は、「実績を作って全国制覇などをしたら申請に来てください」と言い、「最低10年は掛かるでしょう」と、いとも簡単に残酷なことを言明された。大学には学生として8年しかいられないし、すでに三年生であった。ならばどうする？

卒業しても継続して行動に移せるために、条件を整えようと、後輩を集めた。幸いなことに十三名ほどが参集してくれた。

次にすでに存在する組織の軒下を借りることを考えた。歴史のある体育会弓道部があった。１９６４年の東京オリンピックの競技種目にアーチェリーが入っていた（開催国特権で、柔道が競技種目に採用されアーチェリーは除外されて実現しなかったが）。オリンピック東京大会の競技種目ということを奇貨として、体育会弓道部に「洋弓班」として入部した。そして数年後に全国制覇を成し遂げて、やがて「体育会アーチェリー部」として独立した。

今回は、日本初の生損保セット商品を法人会の保障制度として立ち上げることがテーマだ。

保険の募集人と集金人という生保の仕組みを知らずにいたのが拙かったが、保険業法を変えるというほどの大問題ではない。この壁を超えないと保障制度は成り立たない。ならばどうする？　契約完了と同時に全てのデータがインプットされているのだ。入金時点と保険始期に問題はない。これを集積しているデータをアウトプットして代理店に配布し、該当代理店が保管していることで、収支明細と契約台帳の必

要要件を満たすことになるのではないか？

やってみるしかない。

社内の監査役に出す文案を考えた。財務局から来られていた監査役とは接触したこともない。社内では〝マムシ〟という綽名があるという。他には何の名案も浮かばなかった。

翌朝、カレンダーの裏に掛け金の収納フローチャートを書き、電算室を訪ねた。組合委員長の時に人事部と手を組んで、社員と非組合員・役員を含めた全員の意識調査をコンピュータ・システムを活用してやった。男女別、年齢軍団別、社歴別、職種別に結果を出せるように設問を作り、集計結果を組合と会社で別個に印刷物として出した。

意識調査の目的は、社員の企業への参画意識レベル調査をして、組合員と非組合員でどのような傾向を示すか？　今後の組合活動の資料とし、会社側は人事評価制度と社員教育の基礎資料作りの情報を得たいという目的で、共同作業にコンピュータを利用したのだった。

その後の電算室への訪問は、大型保障制度の集金システムのテーマと大同生命側との打合わせの依頼であった。

電算室のスタッフも、収支明細・契約台帳の存在は知っているが、記帳がネックになっているなどの情報は持っていなかった。監査役に手紙を出して、仮に法定帳簿のコンピュータ化の承認が取れても、コンピュータ・システム現場が不能だと言ったら元も子もないから、先に押さえをしておきたかったのだ。

電算室のスタッフは新しい仕事に飢えているかのように、私が持参したフローチャートを見てくれた。

私はプログラムは組めないが、コンピュータで何ができるか、何を得意とするかがある程度わかっていた。

掛け金の口座振替制度の採用を、電算室の主なスタッフには伝えてあった。協力体制の構築に必要なスタッフは、ユニオンの東京分会スタッフだったので気心は通じていた。

銀行データで、引き落とし不能データがテープベースで入手できること、月末の土日祝日の作業不能日を加味して口座引き落とし日を月末の27日にしてあることなどから、電算部門のことを良くわかってシステムを考えている、と喜んでくれた。

新システムの予算化

新規のデータ処理には役員決裁が必要であり、予算化が必要だという。いつまでにどんなフォーマットでアウトプットできるかと、タイムスケジュールを早急に立ててもらうことを頼んで、役員室に向かった。相棒の佐保も呼ばれて、話し合いがもたれた。時期的にというより時間的にぎりぎりのテーマであり、NY本社も承諾した業務提携プロジェクトの破綻はあってはならないことだった。監査役には、「どないな内容の申請を出すんや」と問われた。

実はということで、単独で情報収集したことを伝えた。

・コンピュータの活用で解決の道が見えた
・財務局の見解を確認した
・社内で監査役が、コンピュータでアウトプットした帳票（収支明細兼契約台帳に必須記載事項）を代理店がファイルして管理することでよい、と認める
・この書類の常備が、代理店業務の一部となりうることを確認申請をすればよいという確証を得た
・本日中に監査役に申請文章を出す

・電算室から新規プログラムの申請が出るので、役員決裁をお願いしたい
・大型保障制度の法定帳簿のアウトプット用紙の保管台帳（カバー）を作成する
・保管管理台帳のコストを予算化する
・タイムスケジュール上、2週間以内にすべてがスタートしないと間に合わないこと
などを報告かたがたお願いした。

本来社内監査役に、私ごとき末端の社員がこのような文書を出すものではないのだが、それがまかり通る社風であったし、重大な責任問題でもあるので、役員も「そうか」と受け流してくれた。「何でYouはいつも急なことばかり言うてくるんや」と言う。「急に起きた問題ですから」と平気な顔をした。

労働組合と経営陣の間柄であった時はテーマによって対峙していたが、それから1年も経っていない。しかしいまは、共通のテーマで共同歩調をとらないとならない。

慌ただしい時間が過ぎ、役員同士での打ち合わせが整い、「やってくれ」という回答が出た。役員会議では、「またあの鈴木が難題を挙げてくる」とか、「いつも緊急テーマで決断を迫ってくる」とか評判がよろしくなかったようである。

人間の評判とか印象というのはなかなか消えないものである。その後に佐保はＡＩＵの役員となり、私は同じ役員でも別会社の出向役員として送り出された。

電算室に、「役員決裁が下りたので、至急にチームを組んでスタートアップしてほしい」と伝えた。総務部には印刷業者の選定を依頼し、印刷依頼伝票は傷害保険部か経理部のいずれかから出ると伝えた。

このプロジェクトには正式な経費予算がなく、必要に応じて申請し、既存の関係の深い部門の経費から拠出する状態であった。

監査役に上申書

監査役宛ての原稿写しをもって、隣のパレスホテルのコーヒーショップに行った。大同生命の鹿野さんと佐保の三人で苦いコーヒーを飲んだ。監査役宛ての書類を一部余分に複写（カーボン紙で追加）したのは鹿野氏に見せるためであった。

プロジェクトの担当者が、独断で提携先企業の幹部に社内重要事項文書を手渡し？　今の時代で言うと、社内文書の漏洩とか、何かのコンプライアンスで引っかかっていたのかもしれない。しかし、事前にこの重要な難関を知らせずにおくことはできない。監査役がＮＯと言ったら、この制度は頓挫することがわかっていたからだ。

私が社内監査役宛てに書いた文書に目を通した鹿野さんは、眼を瞑って黙考し、暫くしてから「佐保ちゃん、そうなの」と呟いて、文書を書いた私ではなく、佐保の顔を見た。平素は強気な佐保も、背を丸めて首を前に傾けたまま頷いた。沈黙の時間が長く続いた。ほぼ同時にコーヒーカップに手を伸ばし冷めたコーヒーを一口すすった。「鈴木ちゃん、そうなの」と鹿野さんが一言声を発し、鋭く思案していた眼をやわらげ、「上手くやってよ」という眼で無言で去った。

大きな賭けの成否が、つい３カ月ほど前からプロジェクトに参画した若輩の私の着想にかかっているのだ。この保障制度を成功させるために、これまで大同生命もＡＩＵもさまざまな苦難を乗り越えてきた。

しかしそれまでの苦労の中身は、主に両社の内部事情の調整であった。

鹿野さんだけに明かした今日のテーマは、保険業法と関わるテーマで、以前から出していたら制度推進がもっと停滞していたかもしれない。あと1カ月もすると実務が稼働するという時に、こんな単純かつ重要な事実を知らされた鹿野氏は愕然としたであろう。案件としては知りながら手を下せてなかった佐保は悄然とし、今週に知った私は腹立たしさと不明を嘆いていた。

クラークにはいつも通りに清書を頼み、カーボンコピーを一枚増やしていたのだ。

末尾には、「2週間以内にご疑義が出されなかった場合は、ご承認いただけたものとして社内手続きに入り、印刷発注作業に入ります」と記載した文書を、監査役に提出した。

監査役の返答は?

それからの2週間は、不思議な時間であった。

保障制度が進捗するかどうかの大きなテーマを抱えている間にも、AIUの支店や大同生命の支社などからは、さまざまな問い合わせや確認事項が寄せられた。婚約をした二人が破談の危機に瀕しているのに、結婚式場と料理の打ち合わせや衣装の打ち合わせを続けているような感じだった。

不思議なことに、その間の問い合わせや難問処理は、まるで明日にでも新婚旅行に向かう時のように浮き浮きとして対応していたのだった。それがなぜかは自分でもわからなかった。一縷の望みを託した文章と「たぶん、うまくいくはずだ。もし駄目でもやるべきことはやり尽くした」という自己満足に浸ることで、諦観と観念をしていたせいかもしれない。

月に10件ずつの新規契約を取る営業マンは、2カ月目には20件の収支明細と契約台帳を記帳しないとならない。3カ月目も順調に新規契約が出ると30件の収支明細と契約台帳の記帳となる。こんな面倒なことを大同生命の営業職員はやらないだろう。AIUの代理店も団体契約以外でやったことがないだろう。

大同生命には集金人がいるが、傷害保険の単種目の資格を取っていないし、仮にとっていても契約にタッチしていないので手数料が入らない。団体契約なら別紙明細という処理方法があるが、この保障制度は会社契約であるが、加入者ごとの記載が必要であり、煩雑な作業となる。


表向きはあっけらかんとしていたのだろうが、内心はまんじりともしない2週間が過ぎようとしていた。監査役は古巣の財務局に、彼なりのルートでこの案件が問題にならないかの打診をしたようだった。実際は、元大蔵官僚で現外務大臣である愛知氏の紹介で、私が個別に財務局に情報収集に行ったことが、先方から監査役には伝わっていたようである。

私が末尾に勝手に書いた「2週間」の前日の夕方、監査役が私の席に近づいてきた。

独特の雰囲気と体温を感じさせない人が顔を寄せてきた。決断が下るのだと思うと、心が凍りそうだったが、何気ない素振りをしたつもりだった。顔が凍り付いていたのかもしれない。

周囲のクラークも、普段あまり接することのない人物が私の席に近寄ってきたことと、彼女らは「清書をして」と私が依頼した文章を読んでいたので、仕事をしながらもそのレーダーをくるくると回していたのだろう。

「鈴木さんもなかなかな人物で、お顔の広い方ですね」と囁くように言われた。

私は法人会の黒田専務のことを父親のルートでかなり知っていたが、社内外で口にしたことがない。今回も、元大蔵官僚で当時の外務大臣であり、翌年の1972年には大蔵大臣になる愛知揆一氏を知っていることはその後も秘めていた。

柔らかそうでクールな囁きは、凍え死にそうになるほどクールで、夏なのに鳥肌が立った。彼は、「明日から私は社内監査があって出張しますので、返事ができないのです」

と言って立ち去った。

つまり、彼独特の言い回しで、「鈴木さん、あなたの設定した2週間以内という期限に、私は多忙で異議も出せない状態で、期限が切れるのです」という回答だったのだ。


監査役が立ち去られてから、私は汚い字で役員秘書に「印刷手配などを始めます」というメモを渡して、佐保と大同生命の日本橋支社に向かった。

その夜は久しぶりに眼前の霧が消え、昇る山の頂上がくっきりと見えたような気がして、梅沢さんも含めて四人でうまい酒を飲んだ。元々あまり酒を嗜しなまない鹿野氏も「やあ、鈴木ちゃん、今夜の酒はうまいねえ」と言って杯を重ねていた。

健康診断の手間・審査手配と立ち合い

大同生命の営業社員は入社以来慣れている作業に、高額契約の医師による診査がある。

一方、損害保険の代理店は代理という名が付くように、保険会社の営業指針に従って契約の代理をするので、この物件は引き受け基準に合致しているかどうかを判断する。玉虫色の案件になると、営業社員を通じて引受部門に問い合わせるとか、特認申請を出すことを知っている。花火工場の火災保険なら、引き受けは禁止か特認申請というように、リスクを代理店として先に判断してから営業する。同じ人の保険の傷害保険契約でも、職業上の危険度で判断している。

そこに、健康診断が加わる。医師との同行訪問は顧客の時間と医師の都合を調整しないとならない。人間は〝欲の塊〟であるから、この手間が予想以上の収益を生むとなれば山にも登るし、海にも潜る。発足当時の集団定期保険の代理店手数料は、総合保障1億円の契約で初年度6万5000円、翌年から月々継続手数料が加算される。これが高い収益だと思えるかどうかの問題であった。

今のような計算機がない時代であり、仮定の収入見込み表を作って頑張って契約に励んでくださいというモデルを見せることしかできなかった。


募集人の数と代理店の数は、大同生命とAIUでは圧倒的に差があった。

都心部のAIUのVIP傷害保険の顧客に法人会の会員がいた。そこに法人会名のダイレクトメールが届き、大同生命の営業職員が行くことが徐々に増えてきた。顧客は法人会からのダイレクトメールを見ると、引受保険会社が大同生命・AIUとなっていることから、代理店に電話をくれたり、他の保険契約更新の折に見せられてはっとしたり、話題になっていたようだった。

AIUの代理店としては、VIP傷害保険の既契約の侵害だと言うが、顧客のリスクヘッジとしては生損保のセット商品が優れていることは誰が考えても当然で、売り込まないほうが悪いことになる。すると生命保険の資格を取り、いささかの審査の手間は掛かるが、契約が守られ、かつ生保の手数料も入ってくる、という利点もある。

さらにVIP傷害保険は単年度契約であり、毎年の継続の手間も自動更新なので不要となり、継続されている間は他の代理店からの横やりや取り合いも減る。すると次第に審査が云々というクレームは減っていった。

中には、年払いで一度に入る代理店手数料が月払いになると収入が減るというクレームをいう代理店もいたが、生保の初年度手数料が入ったことでこの手の問題は消えた。

ただし、医師の手配と高額保障はレントゲン検査があり、携帯型のX-線機器は重いので、客が嫌がったことは確かである。

私は普及推進も兼ねていたので、ダイレクトメールで反応のあった企業に営業マンと同行し、制度の特徴などの説明もした。加入を表明してくれた経営者の審査にも立ち会った。小型とはいえ、X-線機器は持ち運ぶのが面倒で、大同の支社などに取りに行く手間も必要だった。人によっては放射線を嫌うこともあり、大同生命大阪本社の医師で審査部長に、放射線被爆の件や死亡率にいかほどの影響があるのかなどを尋ねたが、当時は無視された。生命保険会社では審査医の意向が強かったのだ。

しかし、放射線の被ばくが社会問題となり、この審査方法はやがて消滅した。

手数料体系——募手（募集手数料）の中身

保険契約自体が単年度の損害保険に対し、終身や5年、10年という長いサイクルの生保ではものの見方が違う。それは当然のごとく経営文化にも表れる。

保険の源流ともいわれる海上保険などは、船本体の出航から帰港までの沈没リスク、それに積載する財物の持ち主の沈没リスクからスタートしたと思われる。

第一回目の出航には沈没統計などもあまりないので、丁半の博打的な引き受けであっただろう。これらの航行で保険を付けた船舶の沈没リスク・データが揃うと、保険料と募集手数料が算出された。

それに比して、生命保険は終身では誰しもが死ぬ。各種統計はほぼ活かされるので、募集対象を年齢軍団、性別、職域軍団などで抱えるリスクが比較的容易に測れる。死差益、利差益、費差益などの算定ができるようになり、経営計画が成り立ち、販売手数料が算出できるようになる。

養老保険などは満期になると保障は継続するが、返戻を請求するかそのまま預けるかの選択ができた。要は銀行の預金金利と公社債金利と死亡リスクなどを勘案した人生設計での資金対策である。したがって、保険会社が保険料を運用することができる長期契約や保険料の多いものは、販売手数料が多い。

集団定期保険は、終身に比べて短期であり、なおかつ満期返戻金がないので保険料が安く手数料が低い。

販売予測と売り手のモチベーションUP

法人会の黒田専務からは、時折進捗状況の報告を求められた。法人会の担当は佐保の役目だったが、会合の内容が全体的なことにまたがるので、私もたびたび同席する必要があった。

保障制度の実売時期が近づき、黒田専務はおおよその契約数値を知りたいという。

さまざまなテーマをこなし、夢は広がっていたが、具体的な数値予測はまったくと言ってよいほどしていなかった。そんなことでプロジェクトをよく進めていたなと問われると困るのだが、雲のような掴みどころのない話から始まったのだ。

・法人が会員となっている
・会費を払っている団体だ
・多数の会員がいる
・会員は中小企業が主体だ

・経営陣の病気や怪我による休業や死亡は倒産に直結しやすい
・死亡退職金制度などを独自には作れない規模の集団である
そこに、生保と損保の業界初の保障制度を安い掛け金で提供する。「さあ、生簀にたくさんいる魚をどのくらい掬えますか」という問いかけなのだ。最近まで、いや今も連日さまざまな課題の解決に奔走している。

私は保険営業体験がなかったが、このプロジェクトに関わってから、法人会と納税協会の会員数と役員数に掛け算で加入の可能性を想定はしていた。しかし、あまりにも漠然としたものであり、年度別月別だのという詳細を詰めていなかった。

「目指していた頂上の映像を数値で示せ」と言われて、実務家であるべき我々ははたと詰まった。

黒田専務は大学の教授で、これまで難題の一つも自身でクリアされたこともないが、難事の時の調整と要の役割は充分に演じてくれていた。まだまだある課題に取り組まないといけない段階で、「頂上を夢見るのは早いのでは」とは思ったが、言えない。企業経営上ではごくごく当然の関心事である。渦中にあった我々は、目先の課題解決に没頭していて、具体的な数字の把握にまで頭が回っていなかったのである。

発売月からの見込み件数に平均加入の保障タイプを考えると、生保と損保の保険料が算定できる。当然のごとく法人会の団体側の収入も判明する。法人会に対しては加入予測を多く伝えたい気持ちがあり、社内には少なめな数値を出しておきたかった。

こんなさもしい気が起きたのは、机上の空論で数年以内には億単位の収益が上がっているだろうと朧気にわかっていたのだが、黒田専務の前に表明する根拠が乏しく勇気もなかったからだ。「明日にも計画書を作成して持参します」と言ってその日の会議を終えた。

世の中には6桁か8桁の卓上型計算機しか出回っていなかったし、誰も保有していなかった。社に戻り、算盤（そろばん）で計算し、おおよその見積もりをして手書きで鹿野氏にファクスした。それをもとに翌朝、大同の支社で会議を持った。今の時代ならエクセルで計算式を入れて数字を瞬時に変えることができるが、当時は都度計算して数字を埋め直す必要があった。中学生時代にそろばん塾の3級しか持っていない私しか、そろばんができないのだ。

おかしな話だが、社内では会社にかなりな先行投資をさせていたので、はっきりした数値は言わないままでも「やがては」と、大風呂敷に近いものを口にしていた。しかし、夕方には法人会の黒田専務に提出するとなると、四人で顔を見合わせては消しゴムを使うのだった。そろばんをはじく私の手元をいくら見つめられてもマジックはできない。

考えた挙句の策は、ホップ、ステップ、ジャンプの三段階企画だった。

両社の資格取得者が徐々に増えていることからひと月目は少なく、徐々に増やして丸1年で募集体制が1000人以上になった場合の稼働率と契約予想数値から表を作った。黒田専務に表の説明は鹿野氏が行なうのだが、相手は大学の教授だ、論点や根拠が薄弱だと追及を受けそうな気がした。

セールス・エイドに、代理店や募集人が毎月どのくらいの新規契約を継続すると累積挙績と手数料がわかる計算式を載せていたので、説明はしやすくしてあった。

案の定、年末までの法人会の取り分が少ないことが読めて、「もう少し増えないものですかね」という声が発せられた。「これにはAIUさんの数字は入っているのですか」とも言われた。「含まれています」と鹿野さんが答えると、「鈴木さん、お宅のシェアは20％でしたね」と念を押された。学者さんは記憶力が良いのでこんな時には困る。

3カ年計画を出したので、「若干の紆余曲折はあるでしょうが、頑張りますのでよろしく」ということでミーティングは終わった。ペーパーはしっかりとファイルされた。

第6章　画期的な集金手法の採用
民間初の保険料口座振替システム

した。

集金問題をどう解決するか？　ガス・電気・水道・電話・NHKしかやっていなかった口座振替に着目した。

大同生命の小川さんという支部長が、「全国的な小口契約の集金は大変なので、世にある預金口座からの口座振替でも採用しないと、この制度は長続きしないのでは」と提言されていた。この一言から、大同生命の内部で口座引き落としの検討が始まった。

「AIUさんはどう考えるか」との打診があったが、当時のAIUの企業規模と内部体制からはそのような発想はなかった。保険料入金システムに関心はあったが、具体的な検討には至らなかった。交渉窓口である佐保のレベルで判断し、「鈴木ちゃん、大同さんのアイディアに乗ろうよ」ということになった。

契約者から毎月集金することの煩雑さ――少額保障の掛け金は2000円弱／月

私は保険会社に入社していたが、入金に関わる営業や経理とは全く関係がない支払系の損害査定部に配属されていたので、保険料の集金とかについては考えたこともなかった。佐保からの「金融機関の口座振替のシステムに乗ろうよ」という呼びかけに答えるには情報が足りなかった。

失礼な話ではあるが、上司に話してみても「皆目わからない」という返事しかなかったので、「法人会がこんな仕組みを取り入れるようです」と説明して、言葉を濁し、押し通した。

30歳前半の二人が、このようなことをある意味勝手に進めていたのだ。

保障制度掛け金口座引き落としシステムへの挑戦

企業規模の違いと取り組み姿勢の違いもあって、大同生命は鹿野・梅沢の両氏のほかにもサポート体制を敷き始めていた。集金ネットワークの構築に関しては、大同生命におんぶにだっこ、ほぼ全面依頼した。AIUは金融機関に対しての情報をあまり持っていなかったし、コネクションもなかった。大同生命とAIUの共通金融機関は、当時の三和銀行（現三菱UFJ銀行）だった。しかし、三和銀行はこの制度への関心が少なく乗り気でなかった。

損害保険には、保険始期には保険料が入っていないと保障ができない、「即収の原則」というのがあった。

金融機関は都市銀行、地方銀行、信用金庫、信用組合、郵便預金があるのはもちろん承知していた。実際にこれらの金融機関すべてを網羅することが可能なのか？　全てが必要なのか？

佐保と私は、口座引き落としに関する情報をまったくというほど持っていなかった。AIUの経理部に、保険料の集金についてのアイディアを聞いたが、回答はなかった。「大同生命側が口座引き落としを考えているらしいが、どう思うか」と尋ねたら、「そんなことができるの？」というだけだった。無理もない話だ。

NY本社から来ていた外国人に口座振替の話をしたら、「自分の口座や会社の口座から、毎月、自動的に、保険料を引き落とすなどは信じがたい」と言われた。アメリカではキャッシュレスは進んでいるが、クレジットカードなど自分で支払い内容をその都度確認できるものしか信用しない。「そんなシステムは成功しない」と言う。

当時、日本でも口座振替制度を利用していたのは、ガス・電気・水道・電話・NHKしかなかったのだから。この難問には大同生命が積極的に挑んでくれた。

都市銀行協会との折衝　ＡＩＵ　Ｗｈｏ？

まずは都市銀行の攻略であった。大同生命とＡＩＵは三和銀行をメインバンクにしていた。ならばかなり話は早いだろうと考えた。しかし、三和銀行は良い返事をしない。この銀行には運動部の後輩もいたし、知り合いに幹部がいたのでその線を当たろうとしたが、個人的なつながりでの仕事はあまりしたくないタイプだったのでやめた。情報が少ない中で都市銀行協会の存在を知り、アタックすることになった。

都市銀行12行の当時の幹事行は三菱銀行だった。保障制度を担う片割れとして私や佐保は、銀行を説得する場に幾度か顔を連ねた。

三菱銀行は東京が本店なので近くにあり同行した。辛かったのは、都市銀行の公務部にＡＩＵ株式会社という名刺を出しても認知されていなかったことであった。

当時のＡＩＵの収保は少なく、都市銀行のエリート集団の公務部に知る者がいない。我々が退去してから、帝国興信所（現帝国国データバンク）を通じてＡＩＵを調査したようであった。なぜ、そのことを知っているかというと、知り合いが現帝国データバンクに勤務していて、彼から「鈴木さんの会社の情報を、三菱銀行の公務の連中が調べに来ましたよ」という情報が入っていたのだ。

都市銀行のさまざまなしがらみや機構がわかってきたが、急がないとならない。幹事行の三菱銀行も良い返事をしない。個別撃破しかなく、大同生命のスタッフは、大同日本橋支社を担当している富士銀行（現みずほ銀行）日本橋支店をアタックした。

富士銀行の日本橋支店には、役員が常駐していた。富士銀行日本橋支店を訪問した折に同席した私は、臆面もなく「これからの銀行業務は貸出金の金利で成り立つ時代ではなく、スイスの銀行のように保管料とか手数料で経営する時代になるのではないでしょうか」などと銀行の役員に偉そうなことを言っていた。

その日の夜のというより夕方の飲み会で、大同生命の鹿野氏から、「鈴木ちゃんの今日の発言は、迫力があって面白かった」と半分呆れたように話された。藁をもつかむ心境で渡り合った場面を思い出して、冷や汗をかきながら杯を重ねていた。

この一言が端緒となったわけでもないが、富士銀行から「法人会の掛け金の集金窓口になりましょう」との回答が数日後に来た。皆で大層喜び祝杯を挙げた。

富士銀行からの「条件」

だが、その翌朝、富士銀行から「一度ご相談したいことがある」との電話が大同生命に入ったと連絡が来た。

ひょっとして昨日の集金窓口の話は振り出しに戻したいとのことかと危惧した。

佐保と他の仕事を放り投げて大同支社に集まり、「ご相談とは何事か」と憶測した。しかし、所詮は初めてのことの連続であり、憶測などは2、3割も当たることはない。まずは先方と会い、その内容によって考えましょうということで、歩いて富士銀行の日本橋支店に向かった。

都市銀行の役員との折衝などは、30歳そこそこの私や佐保では無理であり、鹿野さんにすべてをお任せした。にこやかに応対する富士銀行の役員の顔を見て少し安堵はしていたが、次に何が飛び出してくるのか、過去の示談交渉での局面を思い起こしていた。

人の心は身振り手振り口調に現れる。私が8年ほどやってきた仕事は、自分の持ち駒として与えられた権限の中で、解決策を見出すのが仕事であった。

富士銀行の役員の口から飛び出してきたのは、「全国から集まった掛け金は団体の口座に集約するけれども、1カ月の滞留をお約束願いたい」という条件であった。つまり毎月全法連の口座に全国からの掛け金は集めますが、ひと月そのまま手を付けずに滞留させてほしいというものであった。

加入者からの掛け金が集められるのは有難いが、団体の口座（全法連の口座）に1カ月も滞留していたのでは、保障の始期に影響がでる。全法連の口座から、大同とＡＩＵに保険料が振り込まれないと保障開始できない。

制度募集開始の時期が迫ってきている。

損害保険には保険料の即収の原則がある。団体に集まった掛け金が法人会の口座にとどまったままで、保険料として引受保険会社の口座に入金されないと保障がスタートしない。

今度は、「案件を持ち帰ってお答えします」という番が、富士銀行ではなくこちら側になった。

これらは法人会も参画するテーマではあるが、保障制度のスタートを請け負った我々がすべてを解決しないとならなかった。仮に黒田専務と話しても無理な話ではあった。

佐保と私は生命保険の保険料集金に関する情報を持っていないし、損保の即収の原則しか知らない。

「いかに対応するかを双方で持ち帰って考えよう」ということになった。

何らかの案を考えてからでないと、経理部に相談してもにべもなく断られるのは明らかだった。難民が折角辿り着いた岸辺で、お金か宝石などを渡さないと上陸させないよと漂流者に迫る外国の映画の場面を思い出した。

悩ましいテーマだった。要はお金の問題であり、保険業法との絡みであった。

佐保は傷害保険部の業務畑だったので、これらに対して詳しいが、逆に原則をかいくぐることの策などが出てこない。私は全く違う畑でしか仕事をしていなかった。

「ファイナンシング案」を思いつくも……

翌朝に、佐保と二人で大手町から日本橋に急行した。

夜中にファイナンシングの夢を見た。法人会が富士銀行から短期借り入れを起こし、保険料を保険会社に入金する方式にしようと考えたのだ。

法人会が同額借り入れた形にしたファイナンシング案であった。

定期便の佐保が「おはよう」と迎えに来た。妙案だと思い込んだ私は、佐保に自説を話した。新案を思いつかなかった佐保は不安げであったが、それしかないか電車の中は黙って考えていた。東京駅から社屋に着く間に、佐保は「それで行ってみよう」と言ってきた。

出社後すぐに大同の二人に提案し大同生命の日本橋支社に向かった。「なるほど」ということで、当初賛同した二人は、電話で大同の大阪本社に電話をした。

1時間以上の後に帰ってきた言葉は、

・その金利は誰が払うのか?
・全法連は賛同するのか?
・保険会社が保険料比率で金利を負担したら、特定利益の提供などに該当しないか?
・大蔵省の監査に引っかかるのではないか?

まだ一銭も収保のないテーマに社内は動かない。この保険料のファイナンシングなどという案が、大蔵省の監査にどうこたえることができるか？　よく見る夢の中のアイディアはもろくも崩れた。困ったときのいつもの癖で、ちょっとと言ってトイレに立ち、便座で沈思黙考した。

富士銀行の狙いは

・自支店に掛け金が滞留すればよいのではないか？
・それは何も全法連の口座である必要はないのではないか？
・大同生命とＡＩＵの保険会社口座を富士銀行の日本橋支店に作り、集約した保険料（掛け金）を団体の制度運営費を除いて保険会社の口座に振り込み、保険料として団体から入金して社内計上をすれば、保障開始ができるのではないか？
・そこにそのまま1カ月間資金の移動をしなければ、銀行の思惑・意図と一致するのではないか？
・これは保険会社の単なる口座の管理の問題であるにすぎないのではないか？

と考えた。

「いけるかもしれない」ということで、用を足すのを忘れてトイレから打ち合わせの場に戻った。窮余の一策だったが、鹿野さんが大きな目をさらに大きくして「鈴木ちゃん、その線で当たろう」ということになった。

双方で自社の経理部門に打診することになった。もうこれしか案が思いつかなかったので帰社して経理の仲間に説明し、「経理部長を説得してくれよ」と頼み込んだ。

上司たちは英語ができ、それぞれに得意技はお持ちだが、新機軸とか着想、着眼という点では相談しても無理だった。最初の「保険料のファイナンシング」という案を考えて伝えたときにも、「そんなことが可能なのか」と訝しがられた。難問を抱えて悩んでいる我々には頼れる上司ではなかったが、いつも投げかけられる言葉の中からヒントを探そうとした。

「そんなことはできるのか」という言葉から、「何が難しくて、なんでできないのか？　クリアする代替案や新たな道は探せないのか？」

私はファイナンシング案で、これならいけると一人合点して密かにほくそえんでいた。その案が否定された今、次善の策が新規口座開設案だ。

次善の策が奏功

頭が疲れてきていて、日本橋から大手町までタクシーに乗った。誰をどう説得するか。佐保には上司二人に経過を報告してもらい、その間に私が経理部門に当たることにした。

翌朝、待てど暮らせど経理部からは返事がない。その間に、暗礁に乗り上げていることを上司二人に説明した。

昼過ぎ、経理の仲間から「新たな口座開設にはNYの承認と役員会の決済が必要だ」と言われた。NYマターとなると経理部長との折衝は二度手間になる。つい1年ほど前まで、組合代表として対峙していた経理担当役員の部屋を訪ねた。「ご無沙汰しています」と言い、「少しよろしいでしょうか」と言って時間を割いてもらった。

私の顔を見ながら笑い顔で、「何の要求だね」と茶化してきた。「実は」と相談した。「それがないとこの保障制度は行き詰まるのかね？」と聞かれた。経理財務担当の役員であったので、金銭の移動や滞留、平残（預金平残）などについての話は通じた。

「新規の本社口座開設とか支店の口座開設にはNYからの承諾が原則的に必要で、監査に引っかかる点もあるので、考えさせてくれ」との回答であった。

この役員はＡＩＵ労働組合創設時の委員でもあり、戦中には戦車隊の小隊長もしていたので話は早かった。いつもはＮＹとの時差の関係で、回答がずれるなど腹立たしかった想いがあったが、今回のタイミングはＮＹが仕事を始めた時間であったので、比較的早く折衝が進んだ。

一つには既に本社間で業務提携ができており、ＮＹも同意した提携マターであったからであろう。

翌朝、「損失が発生しないなら問題ないのでGO AHEAD」というテレックスが来た。

電話で大同生命の鹿野さんに、当方はＯＫである旨を伝え、日本橋に向かった。

大同の東京・大阪間のほうが手間取っていた。交渉上手な鹿野氏は、大阪の業務本部と経理部門に「ＡＩＵさんはＮＹと東京ほど離れているのに、もう承諾の返事が来ている。狭い日本の東京・大阪はどうなのだ」とせっついた。上手い煽り文句に感心した。

大同生命は富士銀行に既存の口座があり、滞留すると他の契約の保険料が凍結されるので、問題が発生するということになった。ただし、同じ銀行の支店に二つの口座は問題だが、富士銀行が同意するなら良いだろうということになった。

こうして了解が取れたので、富士銀行を訪ね「両社の新規口座を開設して、そこに滞留することでいかがか」と提案した。

我々プロジェクトのメンバーは、「口座二つの問題からは逃げるように、大同の日本橋支社の経理部門と富士銀行の日本橋支店の担当者で巧く調整してください」と言ってその場から離れた。

富士銀行の支店長と役員が丁重な口調でご無理を申しましたと言った。

それ以上の金を掛けずに、保障制度の集金の問題は決着がついた。とにかく、民間会社で初の口座振替制度が立ち上がったのだ。

預担の負担

金融ネットワークが構築できたのだが、これには相当の資金が必要であった。

富士銀行は全法連の全国からの保険料を集約して、ひと月の滞留による平残メリットを享受できるのだが、他行にはそれがない。狭い同業の世界は情報も流れる。他行からは提携のご祝儀口座の開設を要望された。

富士銀行以外の11行に定期預金口座を作ることで口座振替システムが完備されることになった。

大同生命から、「ＡＩＵも口座振替制度の恩恵にあずかるのだから、預担協力してくれ」との要請があった。

外資系企業の最も弱い点は、株の持ち合いだとか協力預金などという慣習を持たないことであった。後に上場企業になった企業（ウシオ電機、サンスイ、トリオ）などがＡＩＵの顧客だった。上場前には保険契約があったが、上場の機会に安定株主として株式の保有を要請された。ＮＹはほとんどそれに応じなかった。応じた場合でも、株価が上がると資産運用部が営業現場の意向など全く配慮せずに売却してしまって利益確保に走った。

契約していた企業としては、安定株主を期待して保有を依頼し、株価が安い段階で割り当てしたのに、株価が高騰すると即刻売却されたのではたまらない。それらの企業は怒り、保険契約も他社に移行させられた。そのような苦い経験が多々あった。

経理担当役員に預担の可能性を内々に打診したが、無理だという。大同生命の中でも、財務部などからは「ＡＩＵも応分の負担をすべきだ」という主張がかなりあった。

進み始めた口座振替制度が止まると、制度が進行しない。

今だから明かすが、佐保は「保障制度が数十億円に達したら応分の経費負担をする」と口頭で約束していた。「応分の経費負担」という中身については聞くのを控えた。

当時、彼は課長になる手前だった。大同生命は佐保を全面的に信頼していた。当初、ＡＩＵでは彼しか業務提携に賛意を表していなかった。このことを、大同生命の制度推進立役者である鹿野・梅沢氏や大同生命の本社役員は認識していた。その経緯を承知していた大同生命は、佐保を重要視していたし、信頼していた。

そういう点では、最近顔を出してきた私は「集団定期保険の継続手数料を出してくれ」と要求してくるし、「保険料の割引はしない」と主張したり、法人会の黒田専務と通じているらしいと、一部ではあまり評判がよろしくなかったようだ。私としては、組織の目的とか目標を達成するため、良いと思われることを主張しているのだが、立場の相違が評価を決めるのだろう。

佐保は月に2から3回大同の本社に出張していた。私は3カ月に1回程度の出張しかしなかった。珍しく佐保と私が一緒に大同本社を訪問したことがあった。それぞれに抱えた案件を関連部署と折衝して解決するのだが、総合的な問題では同席して話し合うことになった。

個別の大同支社や法人会・納税協会から、「査定サービスを迅速に提供してくれないか」などの要望というか不満が漏れていた。その日は、大同生命の常務などから「サービス体制の充実を図ってもらえないか」という要望が出た。

通常の企業間交渉では、このようなテーマは役員クラスの席で出されるのだろうが、この頃は若輩の我々に投げかけられた。「時間をください」と一言でテーマを切り替えた。

数年後に大同の人たちと飲む機会があった。「うちの会社では、課長クラスの人間が常務や専務の提言について、忖度もせず瞬時に次のテーマに移ることは考えられない。あのときはびっくりした」と言うのだ。

私としては前から聞いていたテーマであるし、自社にはそれをテーブルにのせる機関が存在していない。ならば検討して対策を練るしかない。他社との合同会議のその場で新しい部門を作ることなどありえない。必要なものは作ればよいが、戦略を練るしかない。それは今この場所ではない。ゆえに検討項目を切り替えただけなのだ。

そしてその後に営業推進部を立ち上げ、営業推進本部に組織変更し、代理店部と営業企画部などの創設案を出して決まった。

営業企画部が手始めに金沢支店、新潟支店を開設し、その後は日本海側に限らず、北海道の旭川、函館、九州の各県などに支店を新設した。

MTベース

MTベース（口座引き落としのデータは全銀協フォーマットでマグネチック・テープを毎月幹事行に届ける）で、全国の都市銀行の加入者口座から掛け金を収納することになった。昔の映画のフィルム入れのようなアルミのドラムに入ったデータを、宅配便のない時代に、誰がどうやって届けるか、またコンピュータでの情報交換がテープ・ベースだったので、そのテープを誰が、どうやって、いつまでに幹事行に届けるかが懸案事項となった。

電算室は「そんなことはやっていられない」という。至極もっともなご意見ではあるが、データのメイリング・システムがまだできていない時代なので、社員が運ぶか、郵便か、運送会社に委託するしかない。手持ちで届ける時代が続いたが、やがてコンピュータ・システムの発達で送信ベースに変わった。科学技術の発達は有難いものである。無駄な時間とコストが削減されてきた。これらの技術革新で、担当者の無駄な作業や失敗事が減り、輸送中の破損だの紛失リスクが減り、管理者の心配事も減った。

継続手数料

傷害保険の代理店手数料は、法人会への団体運営手数料を除いて代理店に支払う仕組みになっていた。傷害保険単種目を取得した大同の募集人にも、その通り支払うことが取り決められた。

大同生命にも労働組合があり、社員が得る労働の対価を会社が横取りするのはおかしいとかいろいろな動きがあったようだが、すでに私はＡＩＵの組合委員長の役割は終えていたので、提携企業の社内問題だと割り切り介入はやめた。

従来、大同生命の集団定期保険料の継続手数料は支払うことがなかったようだが、銀行口座振替制度を活用することで集金人を使う必要がなくなった。その集金コストを集団定期保険の継続手数料に回しても良いということになった。

この保障制度の性質上、契約者数が一社あたり役員や幹部のみだと募集手数料が少なく、募集意欲が湧いてこない。たぶん大同生命の社内でもこのことを懸念して、「継続手数料を出せ」というＡＩＵからの要望を取り入れたのだろう。

制度の普及にはＡＩＵの代理店パワーも活用すべきだという正論で粘って、支払ってもらうことに決まったと思ってはいたが、実際のところは当時の大同生命の役員に聞いてみるしかない。

ＡＩＵサイドの営業挙績を担うものとしては、代理店がこの保障制度普及に傾注してもらうために、生保に継続手数料が出ることは大変有難いことであった。セールス・エイドの増補版には、「どの契約をどのくらい継続して契約すると、代理店経営にどれほどの収益が上がるか」というグラフや数値を入れて示した。

セールス・エイドなどの紙媒体を代理店に配布すれば売れるほど、営業は簡単ではないのは承知していた。

何カ月かの自動車会社での軒並み飛び込み営業は若輩の私を鍛えていた。同期入社の営業マンは、雨風の日は先輩に倣って喫茶店で過ごし、営業日報を巧みに記述する術を早くから会得していた。二歳年上の同姓同名社員がいることで、部品営業部に配属された私は単独営業であり、先輩たちの悪しき毒を飲むことがなかった。

勉学などについてはあまり熱心なほうではなかったが、趣味やその他の活動では熱く動くことが好きだった。新規ビジネスは、スタート時の担当者が軌道に乗るまでは真剣に取り組まないと成功しないことを理解していた。熱意は、社員と代理店に示さないとならない。

人を動かすのは、運動部だろうと組合活動だろうとボーイスカウト活動だろうと全く同じであり、利害得失のはっきりしている営業活動のほうがある面では楽である。モデルケースを作るしかないと考えて、ＡＩＵのモデル店舗と代理店、大同のモデル店舗を作ることを考えて行動することにした。

早朝会議でなら時間を割くよ

当時、AIUのプロ代理店は「店内代理店」ということで、赤坂支店に多くの代理店が事務所を構えていた。

上司からは「赤坂の代理店に働きかけろ」という指示が出ていた。赤坂支店の代理店が大型保障制度の拡販に取り組み始めたとなると、営業推進の上では衆目を集めることになる。しかし営業畑でなかった私は、代理店へのアプローチだの商品販売の督励だのという経験はなく、無手勝流で考えて行動するしかなかった。

赤坂支店には代理店会という組織があった。古くから事務所を構えていて、挙績が上位の代理店が輪番で会長を務めているという情報を摑んだ。営業畑ではなかったが、交通事故の難しそうな事案の担当はさせられていたので、主だった代理店の店主などは面識があった。

代理店会の会長との電話交渉の結果、月末・月初の忙しい時を除いて「代理店会で商品説明をしてもいいよ」ということになった。しかし、なかなか日取りが決まらない。業を煮やして、個別に代理店説得工作に乗り出した。

一店が反応を示してくれた。「月に一度の早朝営業会議に来てくれたら、30分時間をあげるよ。通常は8時からなので、7時半ならどうか」と言う。「あまりにも早朝なので嫌だ」とは言えず、「喜んで」と家を6時過ぎに出て臨んだ。

営業には携わっていなかったが、損害査定という仕事を通じて窮状に落ちいった人々との交渉で、対話技術は上がっていた。予定の30分で区切りをつけて、「これ以上の実務対策とか営業の勧め方は、時間をいただければいつでも声を掛けてください」と言った。

有難いことに代理店からは、「さっきの話法は単品保険加入のお客さんに他の種目を販売するときに役立つようなので、続けてくれ」と言われた。

この代理店での説明を終えてエレベーターに乗ろうとしたら、他の代理店の店主と顔が合った。「おやおや、こんなに朝早くから本社の人が一体何事？」と尋ねられた。法人会保障制度の営業推進の説明会をやっていたとは言えなかった。同じ建物にいる代理店に、なぜうちより先だの後だのに人間は敏感なのだ。「先日、本社ですれ違って、保障制度の商品説明会を支店会でやってもらおうと頼んでいたんですが、日程が合わないので先に聴いてとお願いして、終わったところなんです」と言った。すると、「個別にやってくれるんなら、支店会に出ない営業社員も知ることができるので、うちでもよろしく」ということになった。都合、５つの代理店の個別勉強会をこなした。

同年代の二代目が三人ほどいたこともあり、さらに別な機会に合同営業推進の話し合いをした。このことはすぐに営業には結びつかなかったが、上司たちがこれを他の支店や代理店主に伝えたり、督励してくれたりして、僅かながら上昇気流の兆しが生まれた。

つまり実積は出ていなかったが、「赤坂支店の主だった代理店が勉強会を始めた」という言葉が、焚き火でいう火付けにはなった。

第7章　初月の惨憺たる数字

全法連黒田専務に予想数字を提出していた。

全国で数百人の募集人と数十店の代理店が資格を取っていた。まるで選挙の投票日のように契約の集計データを待った。

初月の傷害保険料3万3000円

募集活動が始まったが、プロジェクトチームは現場の直接的な活動状況は読めない。

大同生命の大阪本社業務部に聴いても「ようわかりまへん」と言う。全店に問い合わせるわけにもいかないし、データとしては電算室がいち早くわかるはずだが、請求データはあるが、全銀協に回していて良くわからないという。

口座振替が実施されて、請求データと入金データが伝わってきた。引き落とし口座数が少ないのだ。

番号の記載ミスや届出印との相違などで、申込件数がデータに反映されなかったことがあることが判明した。振替不能はなかったが、しかし、絶対契約件数が少なかった。

初の口座振替業務にたいして、法定帳簿をアウトプットしたものを、支店別代理店別にファイルするために、経理部からの応援社員を出してもらっていた。

「大山鳴動鼠一匹」という格言がある。

初月の傷害保険料はなんと両社合わせて3万3000円だったのだ。唖然としたが、隠すわけにもいかず、上司と傷害部長には結果報告をした。

AIUはプロジェクト関係直接費用を負担していたが、大同生命は金融機関への預担など桁外れの資金を投入してくれていた。その夜の四人は、脱力状態になっていたし、酒の量はあまり増えなかった。原因分析といっても間接営業なので、どこに問題があるのかをその場ではどうしようもなかった。

ただ言えることは、もしこのままの状態が続くようなら切腹もので、辞表を出そうとそれぞれが腹を括った。

冷たい射るような視線

人間というのは面白いもので、つい1年前は自動車保険からの撤退かという危機を抱えていた会社も社員も、すっかりそんなことは忘却の彼方に押しやっていたし、そんなテーマはあったのかなという状態になっていた。

転職を考えて相談に来ていた仲間も「どうなっているの、この企画は」と半分心配をしてくれていたが、初回引き落としの保険料の少なさに呆れていたようだった。月払いだとはいえ、一人のVIP傷害保険の年払い保険料と大差のないものだったのだから。

最前線で悪戦苦闘している佐保と私は、腹を切りたいほど悩んでいたが、同時に上司の二人も役員間の視線をひどく感じていたようであった。

人間というのは、それぞれに自分の立場で環境を理解するものだとは知っていたが、同じテーマに対する反応と受け取り方に違いがあることを実感した。佐保と私は、この制度の挙績が今後半年も同じ状態が続いたら辞表を出そうとあらためて考えていた。

心が折れる結果

コンピュータから打ち出されるデータはまことに正直で過酷であった。入力ミスとかプログラミングのミスでもない限りは正直な答えを瞬時に出してくる。

初の口座振替の結果から全店の集計データ、大同生命とＡＩＵ別、それぞれの支店別の挙績データがアウトプットされた。佐保と私は見たくもないデータであったが、すでに少額の挙績しか上がっていないと知っていたにもかかわらず、部長や役員はどんなフォームでアウトプットされたのかを見たいという。

オリジナルデータをファイルして、コピーを数部用意して会合に臨んだ。

佐保と私は針の筵に座るようで、顔の位置はそれほど下にしてはいなかったが、心は折れていた。生損保業界初のセット商品で、初の収支明細書兼契約台帳であるのは確かではあるが、実績の伴わなかったシートを配る手は縮こまっていた。世に言う二人のしけた顔を見ていたせいか、誰からも数字の話は出なかった。

翌年の秋に部門合同の旅行をしたとき、月日の流れは速いものだという話題になり、ゴードー部長が1年前を思い出し、「あの時のあんたら二人は、可哀想で数字の話などでけへんかった」と述懐した。旅というのは会社負担の慰安旅行だが、その頃になると新規契約が順調に出始めていた。そこまでが大変だったのである。

帳票のできた当日、佐保と私は気が小さいからか、頭を悩ませていて、頭を切り替える度量も根性もなかったのかもしれない。うつろな日々が続いたが、私たちが持っている唯一の取り柄は、気は沈んではいたが諦めてはいなかったことだ。

翌月も新規契約は爆発的には伸びなかった。

たまには雰囲気を変えようということで、佐保と私は日曜日の新宿で飲みながら打開策を検討した。二人だけになった気安さから、互いに顔を見合わせて久しぶりに笑った。それはこんなはずじゃなかったのにという想定外の結果に対するもので、自嘲とは違うものであった。言うなれば、15ラウンドのボクシングのタイトル戦で、開始早々にジャブでぐらついたようなものであった。

気持ちの上で焦りはあったが、こんなはずではないのに、その「はず」は何だかを考えた。

佐保との役割分担で、数字は私の責任であった。

ＡＩＵの社員と代理店へのモチベーション、大同生命の募集人への情報提供と営業用ツールに足りないものがあったのか？　翻って「考える」といっても、まったく前例のないものなので寄るすべがない。試験などでは問題のほとんどが講義の中から出されているので、「あの時もう少し勉強しておけば答えられたのに」とかある種の反省ができるが、まさにBran New の問題なので指標がない。反省の仕方がわからなかった。

しかし能天気な私は、前に進むしかないと決めた。このプロジェクトに参加してまだ半年も経っていない。最初に集まった保険料がたかだか３万３０００円で自分の給料よりも少ない、しかも全国的なマーケットで。

・商品が時流に合っていない

・認知されていない

・ＰＲが足りない
・営業活動がされてない
・等々
どれもが当たっていてどれもが違っている。発売一カ月くらいで保障制度などの評価をするのはそもそも間違いなのではないか。営業の最前線と事務の流れにトラブルがないか、プロジェクトが急造したマニュアルやセールス・エイドが役立っていないのではないか。

祈るように駆け巡る

営業活動の現場に行こうと考えた。

僅かな期間だったが自動車会社にいた時の飛び込み営業のように、先入観などを持たずに顧客の反応を知りたくなった。有難いことに、将来代理店になるＩＳやＤＳのメンバーがいた。営業系の人材に、「こんな方法で顧客とか見込み客を作ってみたいけど、誰か手を組んでも良いという人材を探して」と提言したら、営業に繋がるかもしれないことに対する反応は早い。素直に「いいですよ」と言って同調してくれた。

しかし、知りたい情報とか反応がなかなかキャッチできない。人に頼んで面談する機会をもらいながら、「得る情報が少ない」などというのは失礼極まりない。営業現場にいるわけでもないので、自ら訪問する機会を探すわけにもいかない。ならばどうするか？

成約が目的ではなく、企業の反応を知りたいのだ、と思い直した。

保障制度の口座引き落とし集中口座を依頼した富士銀行を思い出した。銀行役員に頼むテーマではない。

実務担当をしてくれた課長に電話を入れた。

悪巧み?

「お久しぶりです」と挨拶して、保障制度の進展状況などを軽く情報交換した。

彼は私より年長だったが、銀行マンらしく丁重な応対をしてくれた。言うまでもなく、彼らが保障制度の集中口座を取り仕切っているので、会社別支店別データは把握していたのだ。しかしそんなことはおくびにも出さずに接してくる。なるほど、銀行のエリートとはこんなものかと感心しながら、自分の「お願い」をどんなふうに始めたらよいかを考えた。

短い営業経験と保険会社での保険契約者や被害者との折衝業務経験しかない。企業との折衝は大同生命の次の経験だったのだ。同じ金融機関でも生保と損保とは違うし、実家の隣家が証券会社の幹部で家族ぐるみの付き合いをしていたが、まったく異なる人種であった。

銀行業界の情報はあまり持っていなかったのだが、銀行間での熾烈な競争はわかっていたので、球を投げた。「短い間ですが、実は自動車会社の勤務経験がありまして、その頃の営業は自分の訪問先が同業他社の車を購入すると、〝負けた〟とわかるように、顧客カードの色が目立つ〝敗戦カード〟に替えさせられたのですよ」と伝えた。

何を言わんとしているのか探ってきていた。この眼は少なくとも関心を持っているのは間違いなかった。「銀行間では、大口顧客の争奪戦などもあるのでしょうね」と近い球を投げた。「大変なもので鎬を削る闘いもかなりありますし、そりゃあもう失策しようものなら大騒動で、同期の人間で飛ばされた人もありますよ、ハハハ」と乾いた声で笑った。

「ところで、大型保障制度で訪問したマンション建設会社の社長が最高額の制度に加入してくれそうなんです。医師の手配とレントゲンの手配で審査が来週なのですが、口座引き落としだといったら、経理部長を呼んで『どこの口座からにするか』と相談していたのです。銀行でもこんな場合は〝敗戦カード〟みたいな感じになるのですか」とカーブを投げてみた。さらに付け加えた。

「系列は問題なく事前に相談がきますが、競り合っているところは自立性というか色が付いていないので、それぞれがお決めになられます。この保障制度は長期の企業の契約で、一度加入して中途解約して新たに入りなおすとなると、生保の掛け金が上がるので変更が難しい性質をもっています。、損害保険業界でいう長期住宅総合保険のように、取って10年取られて10年というように取り返しが効かない性質のものです。ご融資先の保全のためと企業防衛に寄与するということで、色のついていない取引先などに法人会の保障制度をご紹介願って、引き落とし口座は富士銀行さんにするという、軽いタイアップは可能ですか」と振ってみた。

富士銀行は芙蓉グループで、損保は安田火災（現損保ジャパン）があった。親類付き合いを大事にする環境にあっては、まだ関係が密でもないＡＩＵの若造の提案を簡単に飲めるものでもない。「検討させてください」と引き取られた。予想していた反応の一つなので、さほど落胆もせず、回答を待った。

代理店へのどぶ板営業

都市銀行の反応が大体わかったので、城南地区でこの制度に大層関心を示している乗り気な代理店がいたこともあり、信用金庫へのアプローチを考えた。

信用金庫への取り組み方は考えれば何とかなるが、話が進んだ時に付いいてきてくれる代理店がないと大問題となる。代理店担当の社員にコンタクトを取って面談を申し込んだ。口角に泡を飛ばして熱弁をふるう代理店で、彼の顧客の交通事故の示談を担当した経緯があるので、直ぐに話し合いの場は設定された。「ヤアヤア久しぶりだね」という挨拶で始まり、「損害査定部を離れたと聞いて残念だった。代理店会でもみんな驚いていたよ」と言う。「査定部から営業に移籍するなんてことがあるんだと思って、びっくりした」とも。「ところで今日はどんな話だね」と親しげに話してくれるのが嬉しかった。

「実は、まったく雲をつかむような話なのですが、金融機関とタイアップして法人会の大型保障を推進してみたいのですが、話に乗ってくれますか」と振った。

「どんな話かね」と言うので、構想を話した。「そんなことができるのかね」と感想を述べられた。

50年前は、金融機関代理店と大企業の物件代理店くらいしか金融機関との提携などは考えることすらなかった。その頃の一般の代理店や生保の募集人は「でも、しか」の職業と言われていた。資本金が要らずに始められる職業で、勤め人では得られない収入を獲得できるかもと言われていた。あるいはこれしか仕事がないので始めた人たちが大半であった。

私が個人的に偉いと思う京都の大先輩は、戦後の大変な時期に大家族を支えるために生保の募集人になり、毎日どぶ板作戦で飛び込み営業をした。時として罵倒されたが、嫌々加入した保険金で家族が生きながらえることができたということがあり、感謝されて初めて喜びを感じたようであった。

今どきの代理店は二代目、三代目あるいは求めて就いている人が多い。私が声を掛けた代理店は、小規模な製造業を営んでいたが思うように行かず、元手が要らない代理店業を始めた人物だった。いわゆる中小企業の企業防衛の難しさを十分に知っている人物なので、話の中身には理解を示した。ただ、実行に移すには心理的なバリアーがあって、この話は3年後に実ることになった。

富士銀行からは、若い行員が顧客との話題の一つとして使えるとの反応があり、紹介をもらうことになった。

人との折衝には慣れていたので、ＩＳやＤＳで実務体験をやってみたい人とか幾分保障制度に疑問を示していた代理店を連れて行った。

銀行が企業の殺生与奪権を持っていたような時代だった。行員との同行や紹介は営業活動の垣根、つまり面談予約というステップが一つ少ないので仕事がやりやすかった。今ならコンプライアンスに抵触する圧力募集に近いアイディアであった。成約率はともかくも法人が銀行の紹介だとまずは話を聞いてくれることが嬉しかったし、企業の反応が大変ためになった。

第８章　互いに泥縄

コンピュータ・システムと社内処理

生保と損保は社内経費処理などでも違いがあり、挙績の計上と部門・支店経営にも社風の違いがあった。ただし、保険業法上の制約はほぼ同じであり、営業現場から入ってくる保険料を両社の口座に振り分けた後は、両社とも従来の処理で済む。

当時、電算部門はどこの企業も発展途上段階であり、スタッフはある種の先端部門という自負心と周りがあまり理解を示していないというジレンマを感じていた。事務処理上で、この保障制度はコンピュータを駆使しないと成立し得ない。両社の担当者同士のコミュニケーションに齟齬が出始めた。新規契約のデータ入力の問題、金融機関での問題（口座番号が違う、届出印が異なる、引き落とし日に口座残高が不足など）をどの部門がどう処理すべきか？

そこで、両社の担当者会議を設定した。職人同士は、交渉事はあまり巧くない。そこで、我々が緩衝役を務めて問題を整理すると、技術面での接点を見つけてくれた。定期的に東京と大阪で交互に担当者同士の会議を開くことにし、一席をプロジェクトで設けた。他社との交流などがほとんどない電算部や経理部の人間はそれなりに楽しそうにシステムの改築に励んでくれた。

双方ともに職人集団であり、自社の既存のシステムへの干渉が出ないように新たなシステムを構築していった。

法人会からもこんなデータがほしいという意向が出てくる。

さらには、集金事務費以外の収益構造は作れないのかという思惑も出てきた。当初の契約件数があまりにも少なく、団体の収入が少なすぎたのだ。独自の集金システムを作り、そこに電算処理のデータを送り、集金業務を行なってもらう。

そのハードとソフトを完備させて、運営上の利益を受け取ることができる仕組みなどを考えた。

納税協会が参入

この保障制度はそもそも法人会からスタートとしたのだが、同じ国税庁の傘下で近畿二府四県には納税協会という別組織があるという。ほぼ同じ仕組みで同じ目的だが会員の対象が法人と青色申告の個人企業も含まれているという。

同じ保障制度を導入させたいということになった。関ヶ原の戦いの後遺症ではないが、関西方面では対関東という文化は根強く残っていて、今回も面倒なことがあった。

大同生命は大阪が本社であり、東京が富士銀行を掛け金の集約窓口にしたことで、主取引行の三和銀行が巻返しをしてきた。

同じ条件にするので、納税協会の掛け金集約口座は三和にしろというのであった。スタート時点では拒否というか賛意を示さなかったが、法人会がスタートしたことから幹事行をやらせろというのだ。

大同生命もＡＩＵも三和銀行がメインバンクだったので納税協会の幹事行はすんなりと収まった。その後、三和銀行内部ではなぜ東京でこの件を受けなかったのかと、役員の人事問題にまで発展したらしい。三和銀行に勤務していた運動部の先輩から漏れ聞いた。

１９７１年11月、納税協会の保障制度が正式にまったく同一内容でスタートした。コンピュータ・システムやパンフレットなども、ひな形の一部を改訂するだけで済むので、折衝などは99％大同生命にお願いした。

フィージビリティ・スタディのなかった時代

新たなプロジェクトを立ち上げるには、さまざまな検討のうえ経営計画を立て、それをさらに検証して実行に移す、というのが今どきの方策である。それをフィージビリティ・スタディ（Feasibility Study 実行可能性研究）という。

１９７０年頃、そのようなプロセスを取って物事を進めていたのは、月へのアポロ計画、新幹線計画などの国家的プロジェクトくらい。民間企業の段階ではまだこのシステムは採用されていなかった。

前述のように、法人会という組織と会員の規模、ニーズ・ウオンツから、かなり大雑把なシュミレーションはやっていたものの、投資コストと成果、どのようなコストが掛かるか、といった想定もあいまいだった。業界初のことがあまりにも多すぎて、企画・立案して成果を出すというより、歩きながら考え、対処しながら諦めずに前進した、というのが実態だった。

したがって、投入コストは次々に膨れ上がり、いろいろな声が上がった。

頼りになるのは、ほぼ明確な法人会の会員数とその企業の役員数であり、潜在的な数字ではなく明確な対象が存在するという事実だけだった。

見えない対象に向けた企画は辛いが、獲得することができるかどうかは別にして、保障制度加入の対象がはっきりしているのが唯一の励みとなっていた。

あとは保障制度が受け入れられるか、広められるかがテーマであるので、これは戦略戦術の問題なのでさほど落胆はしていなかった。

電話経費と出張だけが目立った

個人的に辛かったのは交通費と接待費、電話代だった。

当時は公衆電話と社内電話と面談しかコミュニケーション・スキルがなかった。AIUは十数カ所の営業拠点であり、社内電話で対応できたのと、部門が役員室の真ん前であることから、どこにどんな内容で電話をしているかは理解が得られた。しかし、一歩外出すると中継点は部門であり、そこには大同支社からの問い合わせが100カ所からくる仕組みになっている。

「只今、担当者が外出していますので、帰社次第連絡をさせます」という常套句の電話応答はできているが、帰社がいつになるかはわからない。

増員されたスタッフがあまり活躍できなかった。佐保と私には、部下の養成能力が欠如しているとか、仕事を抱えすぎて離さないとかの評判が立っていることが伝わってきた。無念だったが、そんなことよりまずは制度を軌道に乗せることを優先した。ついた部下は気の毒だったと言える。同行してもメッセンジャー・ボーイの仕事しかなかったのだ。

大同生命側でプロジェクトに増員された人たちも、決まった仕事はできたが、新たな課題の解決策については、課長職でもあまり役に立たなかった。

「そんなことは言われてきておらん」という。つまり、進展しないのだ。協同作業というのは、そこに共感がないと成り立たないことがよくわかったし、そこにリーダーが存在する価値があるのだと思った。

自分を振り返って、ちいさな体験を通じて、あの時あの場面で自分はなぜあの反応をしたのか、振り返っていた。

投入コストが社内的に見えなかったことと、NYが賛同したプロジェクトだったので、大反対などの動きはなかった。

当事者の佐保と私は、思うように動いてはいたが、小さくて大きい問題は身銭を切らないと仕事ができないことだったし、悩んでもいた。

第9章　大同との外堀戦略

AIUの内部奮起を促す仕組み

法人会の黒田専務から、毎月の契約データを読み取って意見が出された。

「AIUさんの活動が見えないのはなぜですか」という。
・まずは大同生命への生保募集人登録が少ない
・挙績も少ない
・制度推進の意欲が足りないのでは
データに基づく指摘なので、グーの音も出ない。

号令で動き易い生保と、委託契約である損保の代理店システムの違いについては、黒田専務には説明してあった。その折、「どの程度の割合で制度普及に貢献できるのですか」という質問に、募集人と登録予想代理店の数から、「2割程度」と答えていた。

現実の成果は、全くその基準に届いていなかった。全国ベースでの挙績は99・5対0・5の比率だった。これではどうしようもないので、AIUの内部奮起を仕組むしかない。

AIUの社内風土としては、傷害単種目の登録教育などの時は面倒だという反応があった。その後の実務で、毎月の大同生命側が契約した保障制度の傷害保険の挙績が支店に計上されるようになって来て、支店としては恩恵に浴することになっていた。

支店長会議の折、「大同タイアップ企画の現状と将来」というコラムで一席ぶった。役員との打ち合わせもあまりしていなかったが、支店での保障制度の営業挙績比率で大同側の傷害保険料を各店にシェアするという構想をぶちあげた。

コンピュータで来たデータを、支店単位に登録した大同側の数字を張り付けているだけで、支店に何の営業活動や努力がなくても、活発な大同の支社と組んだＡＩＵの支店がメリットを享受しているのが現状であった。

「今後は各支店での保障制度の挙績次第で数字を変えます」という構想に、支店長は驚いた。事実あまり動いていない支店長は休憩時間に親しい役員に泣きつき、予算達成に影響が出て営業担当役員も困ることになるなどと詰まらぬ話をしていた。

コンピュータというのは大変便利で、ＡＩＵの支店別保障制度の挙績などは瞬時に把握でき、なおかつその比率で大同生命側の挙績をシェア割りすることなどは、何の支障もなくできるのだ。

大反対が出た。それに対しては、「今後もこの体質が続くと、傷害保険の販売に大同生命への依存度が増えることになる。そこで、一時預かりで3カ月ほど大同生命側の傷害保険挙績は本部勘定に入れ、支店ごとで保障制度をどれほど販売し、法人会や納税協会にどれほど貢献しているかを実感してもらいましょう」と結論付けた。

支店長の間でも、大同生命側の挙績が多くてメリットを享受していた支店と、いまだにその恩恵に浴していない支店があるという認識はあった。「公平性を期して、まずは自支店の営業体質の改善に着手してもらって、後に配分について検討しましょう」ということにした。

営業担当役員の間でも賛否が分かれたが、「他社依存体質は問題だ」という一言には賛同してくれた。

支店長は渋々ながら代理店と営業社員に保障制度への取り組み強化をし始めた。

さらに推進月間という特別キャンペーンと報奨金制度を作って大同生命の支社経営システムの一部を導入した。

大同生命というのは支店の営業成績が良いと経費率を変えることができ、売り上げの良い店は接待費・印刷費などが増える仕組みであった。

ＡＩＵは年度経営計画が決まると、予算を達成しようがしまいが使えるコストはその範囲内で賄う仕組みであった。

減らすことは問題だが、増やすことを主眼に新たな仕組みを導入した。僅かながらＡＩＵの数字が増えてきたが、大同生命側の伸びがさらに良かった。少々の伸びでは圧倒的な営業マンの数の違いを覆すことはできない。

新たに加わった上司も交えて戦略を考えようということになった。

ここでの検討は、論の貼り方と法人会のパイの理解度、保障制度の将来性で最初から躓いた。航空戦を想定した「ランチェスター戦略」は面白いし、それなりの説得力を持つ。しかし、それは既知の戦略であり、対抗戦としては使えるが、保障制度のマーケッティングは同じ市場をどう取り合うかの戦略でもあり、その成果は双方にメリットが出てくるという特殊な環境なのである。

敵対戦力との対抗戦ではなく、同じ土俵の顧客を異なる戦略で獲得することを考えないとならない。そう、簡単なことではないのだ。

やがてこの限界論が発端でＡＩＵ内部での論争が始まった。

中央線「あずさ号」に乗って！

ＡＩＵの赤坂支店で代理店と保障制度への取り組みと可能性について協議をし終えた。部門に連絡をしたところ、大同生命の梅沢さんから「午後4時の新宿発あずさ号に乗ってほしい」と連絡が入っていますという。内容もわからずに出張はどうしたものかとも思うが、梅沢氏はすでに新宿に向かっているのだという。クラークに、「役員に大同生命からの急な要請で出張することになったので、今夜か明日朝に連絡をする」とメッセージを書いてくれるように依頼し、赤坂見附から新宿駅に急行した。新宿駅には4時05分発のあずさ号が停車していた（50年前の記憶なので国会図書館に行き、古い国鉄の時刻表で確認）。

この時間帯に新宿を発車する列車には、仕事で乗っている客はあまりいない。沿線の甲府や松本に到着しても、営業時間帯を過ぎているからである。電話でクラークから聞いた号車に行くと梅沢氏が着席していた。

「やあ、突然でごめんね」と友達のように言う。「実は松本支社から、急に地域の職員を集めて営業会議を開くので、8時に来てくれ」と言われて出てきたという。

営業会議で何をどうするのかは決まっていた。傷害保険のわかりやすい説明とこれまでの制度の成功例と問題点を話すことなのだ。梅沢氏の役割は、私を連れて行くことと大同本社がこの制度に本腰を入れている姿勢を、支社に示すことなのである。

何事も新しいものには賛否両論がある。大同生命でも集団定期保険による法人会保障制度の経営方針に賛成する派と、従来型の保険で刻苦勉励すべきだという派があった。

大同生命の大阪本社からは、私が考えていたのと同様なモデル店拡張の戦略を取るように要請があったようである。

駅弁を買い雑談をした。梅沢氏とはタイアップしてから今日まで期間的には短いがいやというほど密接に仕事と飲み会をしてきていた。梅沢氏は、一回り以上は年長であった。生保の人材としては裏方的な人物で、鹿野氏の補佐的な役割を担っていた。

道中が長いので、立川から八王子位になったころに、「ところで今回の出張はいつ頃決まったのですか」と問うた。昨日に来てくれとの要請があったのだけど、調整が付かず昼過ぎに行くことになって電話したけれど、私がつかまらなくて困っていたのだという。この場で、「もし私がつかまらなかったら、どうしたのですか」などという野暮なことは聞かなかった。

松本を皮切りに1週間

松本支社管轄の営業責任者などが集まっていた。勉強会の開始が午後の8時であった。地区の法人会にアプローチしているが、傷害保険の部分について今一つ迫力ある説明ができないでいるという。今日の話で理解はしたが、法人会地区役員を説得するまでには至っていないので、この近辺を一緒にまわってくれないかという。有難い話だが、ここで大同側の挙績が上がるとまたＡＩＵのシェアが下がるのだ。

松本支社が手配していた宿に泊まった。このころはコンビニなどというものもなく、洗面具や着替えは翌日に駅前の店で購入した。

地方の法人会に行くと、会の理事たちがいろいろと質問をしてくる。彼らは法人会の役員であるが同時に会員であり、法人の経営者だったのだ。東京からの説明会などが滅多になかったせいか、どの法人会や大同生命の支社・支部から集まった人たちも熱心だった。

関・燕地区の会合では洋食器の開発と輸出が軌道に乗ってきており、主たるマーケットが北米主流になっていることもあり、研修会の後の懇談会・飲み会は大層面白かった。

ＡＩＵがアメリカの会社であることから保障制度上の質問の後にはアメリカの市場とか製品クレームのこと、契約の仕方とか法制度の違いなどの雑情報のやり取りが大半を占めた。

個人的にいくつかの経済団体のセミナーに参加したり、講演会に顔を出していたりしていたので、雑情報は同年代の仲間よりは持っていた。輸出を主にしていた洋食器業界が中心だったので円ドルの為替の固定制から変動相場制への移行がもたらす影響などの話にまで及んだ。

予想もしない出張だったが、後に関・燕地区からは1億円の契約が続出したのである。

虚々実々のやりとり

職域募集とか基盤開拓などに慣れている大同生命では、支社長や営業社員が率先して法人会や納税協会に接近し、会員名簿の入手や基盤開拓に熱心に動いた。当然のごとく、後追いのＡＩＵは名簿が手に入らず、現場の営業部隊で初めて諍いが出た。

そこで、既存の会員に限らず、新規会員募集と保障制度への勧誘を始めることにした。法人会や納税協会にとっても新規会員の加入は願ったりで、件数は少ないが喜んでくれた。とここでは書いているが、法人会や納税協会に挨拶に行ったら、「両社のセット商品であるから、自動的に会員名簿はもらえるもの」と考えていた支店長もいた。法人会としては、先に接点を求めてやってきていた大同生命には渡したが、同じものをＡＩＵに渡すわけにはいかないと拒絶した。

当時、法人会を表敬訪問するＡＩＵの支店長は保障制度推進に積極的なタイプだった。その支店長にしてみれば、「折角接近したのにすげない対応をされた」とすぐに電話でクレームが来た。

この問題は、支店長との個人的なつながりの和で解決するしかなかった。

佐保は、この問題について大同生命の役員に営業圏の分割を依頼した。しかし、現場主義の生保は先取特権を主張する営業現場の主張を変えることはできなかった。

積極的な支店長数名が役員に、大同生命との交渉力が弱いのではないかと糾弾してきた。「何とか解決しろ」と言われた佐保と私は悩ましかった。

新たなアプローチ

内憂外患という言葉があるが、名簿が手に入ったからと言って絨毯爆撃をするほどの営業展開能力を持っていたわけではない。なのに名簿が手に入らないという。会員へのアプローチは大同サイドに任せて未加入法人に対してアプローチする逆バージョンを考案したが、それには会員非会員へのアプローチ方法と名簿が必要となった。経済情報誌の「民力」などから地区の法人数と会員数をあぶりだして、その差（未加入法人数）が結構あることを導き出した。

しかし、この戦法は効果が薄かった。法人会・納税協会の会員は納税推進団体の会員であり、利益を出している事業所だったのである。未加入事業所の数はそれなりにあるが、利益を出しているとは限らない。保障制度の掛け金を損金処理できるには、それなりの利益を出していないと加入余力がないのだ。地区別の法人のデータベースを構築するとなると膨大な経費が掛かるし、必ずしもそのコストに見合う成果を出すことが見込めなかったというか自信がなかった。

頭に浮かんだのが、平面的な優良企業軍団としてのマトリックスに対して、景気に巧く乗っている業種団体をセレクトする案であった。これらの業種団体もそれぞれに同業団体を作っていて名簿を作っていた。法人会・納税協会の会員向け保障制度ではあるが、すべての事業所に共通する課題解決のための保障制度なので、アプローチの矛先を変える動きを提案した。

例えば個人経営の多い豆腐、和菓子、蕎麦屋などは納税協会だと会員化とかが可能であり、営業展開ができる。工業製品などの下請け企業は、設備投資が高額なので法人化しているところが多い。そのような業種団体は法人会マーケットとして有望なので、アプローチを呼び掛けた。

このような戦略になると、担当する支店長・営業担当者・代理店の指向・スキルによって反応が異なった。面白いので、この戦法に乗れそうな代理店に声を掛けＶＩＰ傷害保険キャンペーンに間に合うようにアプローチを掛けるような戦術を執った。

この作戦は、景気動向と業種団体の経営戦略の変化をもろに受けた。折角のアプローチで人間関係ができたが制約へのプロセスに時間が掛かった。

そこで同族会社には、経営者の退職金制度とか後継者への相続対策などをかみ合わせて提案する方向を検討した。

商品だけ提供してくれれば

営業現場は顧客の直接的な取り合いなので、本部にいる我々とは考え方も違う。法人会の保障制度はもともと大同生命が開発したものだから、大同生命の中には、「ＡＩＵは商品だけ提供してくれたら制度普及は全面的に任してもらいたい」という強硬な意見も出ていた。このような動きに対しては、法人会の黒田専務が重要な役割を果たしてくれた。

「両社のセット商品だからこそ、会員が喜ぶ高額保障制度ができたのであり、お互いに切磋琢磨して新規会員の増強と普及に励んでいただきたい」との託宣が広められ、この問題は消えた。

「VIP傷害保険キャンペーン」の活用

AIUでは少し前から、「VIP傷害保険キャンペーン」という営業活動が、2カ月にわたってワールドワイドで行なわれていた。基準営業挙績をクリアすると表彰式に招待され、当時は伊東の川奈ホテルでの表彰式への参加という栄誉と講演会の後に夕食パーティと一泊、翌日のゴルフか観光という接待システムがあった。

このキャンペーンは、大型保障制度の普及促進の場にするチャンスだ。これを逃す手はないので、策を練った。72年のことである。例年の表彰上位代理店に打診し、この制度でのポイント獲得を呼びかけた。いろいろな反応の中から、面白いインセンティブ案を思いついた。

従来はキャンペーン期間中のみの実質挙績を計上していたのだが、大型保障制度に限って傷害保険の保険料の12倍（年間分）を計上して表彰規準とする試みであった。上司は「面白いな」と賛意は表明してくれたが、「この基準はNYに納得してもらわんといかん」という。というのも、この傷害保険営業キャンペーンはワールドワイドの基準で行なわれており、法人会制度のような商品を持たない他国と不公平な基準になるとの意見であった。

アメリカについで2番目の挙績を持つ日本に、傷害保険営業担当の外国人がキャンペーンの督励に来た。彼の役目は、世界中での傷害保険の拡販であり、日本のキャンペーン入賞者の増加である。督励にはNYのお偉方が来ることも、トレーニーが来ることもある。キャンペーンの始まった直後なので、比較的若い人物が来日した。

上司は一度、昼食会で彼をねぎらったが、「今後はYouたちがアテンドしてくれ」と振ってきた。傷害保険部が対応していたが、毎日は持たない。そこで、下手な英語で、「Business Promotion のことで意見交換をしたい」と申し出た。


隣接のパレスホテルで「Hot Pie à la mode」（林檎パイにアイスクリームをトッピングしたもの）と紅茶を頼んだ。50年前には珍しいもので、たまにしか食べたことがなかったが、前日、彼が他の社員との打ち合わせにこの場所で頼んでいたのを見ていたので、同じ物を先に頼んでみたのであった。「貴方もいかがか」と勧めたら好物だという。それはそうだろう。昨日、彼の注文を目撃し、食べる仕種をさりげなく観察して甘辛両党の人物だということはわかっていたのだから。

日本出張は到着したばかりで、旧知の人物がおらず、数名の役員、担当部署の人間との名刺交換だけだ。逆の立場だと、若くして督励の出張は大変だと思った。短い滞在期間中に、足跡を残さないとならない外国人達は、いろいろな球を投げかけてくる。

前の損害査定部でも同様だった。接待だの忖度だのは得意なほうではなかったが、彼との接点を作って本論に早く入りたかったのと、少ない語彙でいかに思いを通すかに知恵を絞っていた。日本の企業が、日本人社員や役員を東南アジアの支店に出張させたり、駐在させたりしたときと期待や役割は同じなのだ。「ざっくばらんに意見を聞きたいが、今回のキャンペーンで日本から何人の入賞者が出ると想定・期待しているか」と聞いた。案の定、「昨年実績に10％以上の上乗せを期待している」という。私はニコッと笑って、「もし20％増えたらパイ・ア・ラ・モードをご馳走してくれるか」と迫った。

いろいろなアイディアやテーマは思いつくのだが、持ちあわせの語彙・ボキャブラリーに限界があるのだ。当時の円ドル換算レートは1ドル300円超であったからこの賭けは実に安く、可愛らしいものであった。

外国人特有の仕種と表情で「喜んで」と膝を詰めてきた。人間の行動と距離感は世界共通なのである。嫌な時は距離を置き、良い時は近づいてくる。

「ワールドワイドのキャンペーン入賞基準に、新しいものを採用してほしい」と持ち出した。成果に結びつくかも知れないと関心を持った瞬間に、人は心の扉に隙間ができているのだ。これは短い飛び込み営業の体験で学んでいた。

「新しい傷害保険のプログラムに生保とのタイ・アップ商品ができたことを知っているだろう」と話すと、頷く。そこにIS／DS社員という営業マンがいること、彼らの平均年齢が若いことなどを話した。頷きながら、彼にはそれがキャンペーン入賞者の増加にどうつながるかの絵が見えない。

少しじれた様子なので、実はとMonthly Installment（つまり月払い）傷害保険であることを説明した。

「それがどうした」という顔になってシメタと思った。手持ちの紙に大同生命とのタイアップ契約一件当たりの月払い平均保険料を書き、「1年間での合計12倍計上したいが、どうか」と打診した。口座振替による自動引き落としなので、間違いなく入金されることを主張した。

「契約して12倍計上した後、翌月に解約したらどうなるのか」という懐疑的な答えとも質問とも取れる意見がとんできた。「日本の営業マンたちはそんなことをすることはない」と断言した。

彼が一考に値するとの感触を得たので、ホテルのピンク電話に飛んでいき、上司に「時間を空けてください」と頼んだ。「何の件や」と言う。「キャンペーン入賞者増強のアイディアを外国人に話したら面白そうだというので、これ以上の話は英語力が足りないので一緒にお願いします」と、内容をかいつまんで伝えた。「なんでわしに先に話さんのや」と、問い詰められた。でも、先に話していたら外国人に交渉してくれただろうか？

これと思うアイディアや提案は、直接訴えるのが一番なのだ。同時に、前もって相談を掛けられていない上司が、「何で」という反応をするのも承知はしていた。半分謝りながら、役員を説得した。督励に来た外国人も「日本独自の内規でやってみよう」ということになった。

キャンペーン主幹の傷害保険部から、メモ（ＡＩＵニュース）を全店に流した。

12倍計上作戦開始

何度か述べたように、私のこれまでの社内での仕事は損害査定部だったので、代理店との接点は担当した事故の代理店しかなかった。知り合いも少なかった。ただ、代理店との接点は少なかったものの、組合の書記長・委員長を前年の秋までやっていたおかげで、社員は役員・支店長をはじめクラークに至るまで、私の名前は多分社内で一番知られていた。店ごとの営業社員とこの制度普及に取り組んでくれそうな代理店のリスト作りが進んだ。

将来代理店として独立するためのステップアップ研修生制度（アイ・エス Independent Solicitor インディペンデント・ソリシター）ができており、さらに傷害保険営業専門部隊（ディー・エス Direct Solicitor ダイレクトソリシター）が創設されていた。このＤＳ部隊の起案者兼責任者は藤野という役員で、私の上司の一人であった。この藤野氏は、後にアリコ・ジャパン（リーマン・ショックの影響で売却し現メットライフ社）の社長になった。

これらの部隊から複数のキャンペーン入賞者を出す作戦を練った。

発足当時のＩＳ／ＤＳ制度は東京が中心だったので、印刷費と郵券料にダイレクト・メールのリスト購入代を予算化してもらい、即刻実行に移した。これらのコストはＶＩＰ傷害保険キャンペーンの経費予算を持っている傷害保険部のゴードー部長を説得して捻出した。

ＩＳ／ＤＳ部門長の了解を得て、ＩＳ／ＤＳの中にキャンペーン入賞必達チームを結成した。これは運動部の目標設定と行動計画に該当するもので、しかも収入が付いてきて表彰という栄誉もついてくる。モチベーションを上げるのは楽だった。

ダイレクト・メールの文言はほぼ作ってあったが、全員参加型で作ろうと、彼らの発案をカードに記して所謂ＴＫＪ方式（トータル川喜多二郎方式）で一緒に文案を作成した。

通常のダイレクト・メール返信率は、１０００分の3程度で良しとされていたのが、リストの良さか文面の良さか書き手の熱意かは定かではないが、実績は１０００分の20となった。若手のＤＳ社員は、傷害保険営業しかできないという制約があったので、食い込みに関しては貪欲で、ダイレクト・メールの送信先で返信のない企業にも次々と電話攻勢をしていくつかの面談アポを取っていた。

成功モデルが何といっても必要なので、戻ってきたＤＭの企業には営業の同行をした。社長を口説く話法、専務を口説く話法、同族会社の経営者を口説く話法などを短時日のうちに習得した。

有難かったのはＤＭに返信の段階から関心が高かったせいでほぼ１００％の成約となった。

こうなると私の出番はなくて、自動的に好循環となり、キャンペーン入賞者リストの速報に彼らの名が乗るようになった。

全種目を扱えるＩＳには、大型保障が駄目でも他ラインの営業のきっかけが作れるだろうと偉そうなことを言って拡販につとめた。囲碁・将棋の格言に岡目八目というのがあるが、自分のことでないものは客観的に物事の道理が見え、さらに肩ひじを張らないのでスムーズな会話ができる。キャンペーンの推進情報は、ＩＳ／ＤＳ営業マンあるいは代理店名と挙績の途中経過を公表する仕組みとなっていた。

キャンペーンがスタートして、僅かではあるが、名も知らぬ若手が入賞したこと、かなりのＩＳ／ＤＳ社員が入賞基準に近づいていることを古手の代理店は知った。何でどんな方法でと関心を持ち始め、営業社員を通じて情報を知りたいと電話が入ってきた。

ダイレクト・メールでの営業展開に一家言を持っていた城南地区の代理店は、ＤＳ部隊のメールを集めて検証し、とある業種団体の名簿を入手して独自のＤＭ営業展開をした。商品の新規性か、時代のニーズ・ウオンツにマッチしたのか、代理店が作った魅惑的な文言のせいかはわからないが、これまた高い返信率で契約に結び付いた。

これを機に、名も知らぬプロジェクトは社内での認知を得始めた。有難くも困ったことは、この代理店が「関東におけるこの制度の販売権を独占させろ」というものだった。

当時の名だたるキャンペーン上位入賞者は上昇意欲が強く、1位を目指して最終日に隠し球を投げて対抗馬を寄せ付けないなどの戦略を取ってもいた。キャンペーンの締め切り10日ほど前になると、上位者は毎日のように順位と挙績額、名前の確認電話が来るのだった。

有難い競争であるが、社に戻ってさまざまな課題を整理しようとする身には、クラークが退社した後なので長電話で結構時間を取られて悩ましかった。

このキャンペーンの挙績カウントは新規契約という条件であったのに、不思議な現象も出ていた。とある代理店が、毎年入賞するのだが、年間増収がないのだ。つまり、ある契約を他の保険会社とＡＩＵに隔年で契約を継続するので、その契約は隔年では新規計上されるということになる。巧な戦略であるが規定上での反論はできない。毎年新規契約なのだから。

大阪の代理店で、上司二人と私はその代理店を十分知っていたが、例外なので不問としていた。大らかな時代であった。

キャンペーンの表彰式

有難いことに、想定を超える入賞者が出て、川奈での表彰式が開催された。社長以下役員と関係部長が出席したのだが、経費予算の関係で手元の下働き社員は総務部長と私の二人だけとなっていた。予想を超える百数十名のホテルの部屋の手配から、ゴルフ組と観光組までを賄うことになって、寝る時間もなく疲労困憊した。

特に困惑したのは、宴会の席で顔見知りの代理店が意気投合し、翌日のゴルフを一緒の組でプレーしようと決めて勝手に動いたことである。キャディ・マスター室からは組み合わせのバッグがないとか大混乱となっていた。自分達でバッグを持ち寄り、キャディにこれで行くというものだからキャディはそれに従う。他の組のキャディは組み合わせにあるバッグが見当たらない。

スコアの集計機もない時代なので、私は一組目に入っていて既にスタートしていた。一番早く終えてスコアを集計する役割とプレー進行の役も兼ねていたのだ。プレー中に、「幹事の鈴木さん、キャディ・マスター室にお越しください」という呼び出しで実態を知った。知り合いの代理店が、組み合わせとは異なるパーティと談笑しながらスタートしようとしていた。顔も知らない代理店同士は組み合わせ表の相手がいないと、キャディとあたふたしていた。キャディ・マスターと話してセットできているカートからスタートしてもらい、残った人たちで新たな組み合わせでプレーしてもらった。当日コースは貸し切りだったのでできたことだった。

当然のごとく参加した代理店からは接待レベル、ホスピタリティが低いとの批判が出た。甘んじてこの声は聞くしかなかった。

翌年は、営業社員でキャンペーンに貢献した者などを幹事グループに入れる仕組みを考案し、十数名の営業社員がアテンドした。これで、顔見知りの社員が入賞者をアテンドすることになり、コンプレインはかなり減った。営業社員も自分の仕事の成果として代理店などの入賞と同時に自らも招聘されることは新たな喜びであり、仕事をやる楽しみが増えたようであった。運営も含めて軌道に乗ってきたので、この仕事からは手を引いた。

挙績の魔術

大同生命の支社に代理店、ＩＳ／ＤＳの挙績を張り付けた。たとえば、北海道などの広い地域に代理店は点在していたが、当時ＡＩＵの北海道の営業店は札幌支店のみだった。そこで、函館だの旭川の代理店は最寄りの大同支社に帰属をしてもらうことにした。

当時の代理店と大同生命の関係は互いにぎくしゃくしており、まして支店のない地方では介在する社員もいないことから、あまり良い人間関係はできていなかった。

ところが、ＡＩＵの代理店が2億円ほどの大型保障制度を成約した。大同の地方支社長としては企業名を見て仰天した。自分達が十分に知っている地元法人で法人会の会員になっていない法人をＡＩＵの代理店が会員化し、2億もの成約をしたということから、ある種のカルチャーショックを受けた。法人会の名簿だけを頼りとした営業スタイルから、すべての法人へのアタックを念頭に置くことを考えた。

ＡＩＵの代理店は生保の契約時手数料が入り、大同の支社長からお誉めの言葉をもらい、新たな良い人間関係が生まれ始めていた。

ＡＩＵの札幌、仙台、広島、福岡などの支店は、大同生命の多くの支社や営業所の挙績をクレジットする仕組みの恩恵を受け始めていた。つまり全北海道、全九州の大同生命の支店・支社から上がる傷害保険の売り上げ（挙績）が、すべて札幌支店と福岡支店に計上されるのだ。鹿児島だの宮崎だのの登録事務と傷害単種目の受験講習を難儀だと言っていた言葉は消え始めていた。

当初、広い地域の生保募集人に傷害保険単種目の講習と登録事務などをさせることに、複雑な反応を示していたが、大同生命から出る傷害保険の挙績を計上でき始めると、その新規と継続の保険料が既存の代理店からの数字を凌駕するようになってきていた。

毎月末になると、支店長などの営業責任者は当然のごとく予算達成に敏感になる。毎月のように、大同生命側の挙績が大きくなり、その傷害保険料のパイが大きくなると、月末に自店に計上される大同生命側の挙績を読みたくなる。が、数字の変動がわからない。すると数字を把握している私のところに電話がきて「知らせろ」という。

半年ほど前は、「遠いところに資格指導に行くのに余分な出張経費が掛かった」とかさまざまなコンプレインを言っていたが、そんな声は消え、大同支社の数字を当てにする環境に変わってきた。

第10章　保障制度の普及

プロジェクトの改組

保障制度は徐々に普及を重ね、年間保険料は億単位に成長してきた。すると法人会の活動も活発になり、それなりの体制を整えたくなってきた。

契約データが法人会と納税協会に届けられるので契約の実態がわかる。両団体の支部は保障制度からの収益が大きなウエイトを占めるようになってきた。

するとさらに高い望みを持ち、保険会社に対して督励する場面が出てきた。普及実績に大きな地域差が出ていたのである。

ＡＩＵが営業網を持たない地区は別として、大都市の支店での活動が少ないとの指摘を受けた。データではっきりとわかるので弁解の余地がない。営業活動を管轄する部門でもない私や佐保が督励・激励・叱咤などを現場に対してはできない。

ＡＩＵとしての社内体制の変革をしないとまずい状態になってきた。

Ａｌｉｃｏ社の上陸

時を同じくしてＡＩＧ傘下の生命保険会社Ａｌｉｃｏが日本での営業許可申請をしてきた。73年のことだった。

Ａｌｉｃｏ社の上陸は大同生命にとっては脅威であり、保障制度への相乗りを畏れた。ＮＹは、アリコ・ジャパンは新たなマーケッティングでの成長を希望しており、法人会とのバッティングや大同生命への脅威となるような政策はとらないことを言明した。というより、そのような形に持って行った。

いつの時代もそれぞれの組織が大きいと、それを支える各組織のスタッフはそれなりに自社にとって有利なように考える。これは当然なことであり、素晴らしいが、共有のマーケットと将来展望を考える感性と立場は異なる。

佐保と私は、たかだか課長の立場でありながら、それなりにこの大きなマーケットの将来性と現実の歩みをみて、強引に方向性を決めた。

アリコ・ジャパンは独自の営業展開を行ない、法人会・納税協会にはタッチしないと取り決めた。その後の僅かな間に、ＡＩＵのＩＳ出身の代理店（代議士の秘書経験者）と私の部下がアフラック社を立ち上げ、このマーケットに参入した。一部、社内の上位の人間がその手づるとなったとの評判があったが、すでに設立した他社の出来事だったので、無関心を装った。

営業網の充実と損害サービス拠点の充実

法人会・納税協会両制度の加入者が伸びると、それに付随してクレームも増える。生命保険は死亡という重大なリスクで滅多にないが、傷害保険は転倒による怪我とか交通事故での被害など業務上、日常生活上の事変で被害が生じる。

法人会と納税協会は各都道府県にその組織を持っており、大同生命も全国ネットワークを持っているので、双方にとってはサービス拠点という意味での漏れはない。傷害保険の報告書と必要書類を完備すれば、代理店あるいは募集人がＡＩＵの営業拠点に書類を持ち込む、または郵送することで保険金請求はできる。しかし、人間の願望や欲望は徐々に広がり、より良いものを求める。そのベスト・ミックスがどこなのかはわからないが、法人会と納税協会と大同生命の成果を出した支社からのサービス網の充実要望が強くなった。

ＡＩＵの営業ユニットをつくる基準は、

・店舗経営に見合う営業挙績があること、つまり独立採算ができること

・将来性

が根底にあった。

たとえば、広大な北海道という市場には札幌支店しかない。しかし、旭川とか函館には代理店は存在していた。この代理店たちは、事務処理はすべて郵送で済ましていたが、損害査定のアジャスターは身近にいて欲しかったし、営業店を作って欲しいと絶えず要望を出していた。

ＡＩＵのスタンスは、営業拠点の設置を希望するなら、それに見合うだけの挙績を皆さんで上げてくださいであった。その一つには募集網増強も手伝ってくださいというものであった。

代理店にしては、同業者が増えるのは好ましくないが、地域でのシェアと知名度の低さを補う意味で、反対するテーマではなかった。

ＡＩＵにこのような店舗展開規準があろうと、大同生命と両組織がサービス・ネットワークの増強を求めていたのは、ある意味で当然であった。

これに呼応してＡＩＵでも何とかしないといけないという雰囲気は出てきたが、営業ネットワークとか

サービス・ネットワークというものを企画する部署がなかった。

社内組織の改編

そのころ、1972年にAIUは元々確保していた土地（丸の内パレスホテル横）に東京本社ビルを建立した。これを機に、社内組織を改革した。

営業推進部を創設し、大同生命とのプロジェクトは営業推進部の一部とし、法人開発課、火災営業課、傷害営業課、営業企画課という組織を包含した。社内的には一プロジェクトから組織としての認知を得たのだ。

この組織の上司として、外資系同業他社の人物が招聘された。入社の事前挨拶に来られた折に常務から紹介され、パレスホテルでランチを共にした。「ランチェスター戦略」など営業手法の蘊蓄を述べられた。急に我々の上司になるというので、もっと人物を知りたいと思って、佐保と私は会ったその日に彼の居宅である名古屋まで新幹線で一緒に行き、二人で彼の家に泊まった。営業戦略構想などを口にする人物がAIUには少なかったので、招聘されたのであった。

招聘のもう一つの理由は、佐保と私の年齢が32歳くらいで、折衝相手がみな40歳代であることなどへの配慮だったのだと思われる。

上司である営業推進部々長の河野氏は、それなりに四つの課をまとめ活躍された。既存の営業種目である火災・傷害への戦略ではかなり積極的なアイディアも出したが、法人会マーケットへのアイディアでは佐保や私と意見の違いが出ていた。理論派らしく、「マーケットのパイの大きさとか限界」とか、次なる展開などを主張してきた。

法人会と納税協会での傷害保険の年間挙績が20億円になってきたころで、彼は「これ以上の投資をしてもそれほどの効果が期待できない」という。

私は営業企画課の課長となり、サービス・ネットワークの充実などから日本海側の営業拠点の充実などを提案し、営業所や事務所の配置を企画していた。

この保障制度の進展で、大同生命社側からの挙績があり、たとえば金沢や新潟の拠点は責任者とクラーク、アジャスターという最小規模の店舗経営は充分成り立つことを数字が示していた。これに一般代理店の増強を重ねると立派な営業店になり、徐々に47都道府県にサービス網と営業拠点を設置できると踏んでいた。

この数字の読みの違いが、部長と我々課長二人との溝を大きくした。人間的な好悪の問題ではなく、純粋な経営・営業判断での違いだった。

担当常務たちは困惑した。自分たちが招聘した部長と元からのプロジェクトの課長二人が意見の違いから、経営戦略にまで齟齬が発生し始めていたからである。常務二人からもアプローチがあり、「何とかならんのか」という。「何とか」という表現に反駁した。この違いは経営判断と戦略の問題で、個人的な感情のすれ違いなどとは質が全く違う。「誤解しないでほしい」と主張した。「どうしたらよいのか」と言うので、時間をもらった。

アメリカ本社にない部門を提案

前述のように、ＶＩＰ傷害保険のキャンペーンで日本が成功し、法人会・納税協会保障制度の導入に貢献したということで、佐保がMan Of The Year に選ばれた。これはＶＩＰ傷害保険の世界コンテストで活躍した社員の表彰制度だった。約ひと月以上のアメリカ研修旅行の栄誉を得たのだ。

役員会に提案するに当たって、担当常務二人より先に経理財務担当の常務に当たった。なぜなら、役員会での最終決定はＮＹの意向であり、その前の判断は金銭的なことだからだ。既に10桁か12桁の小型計算機（電卓）が市販されていて、以前とは比べ物にならないくらい企画立案の時の数値シミュレーションは楽になっていた。

個人的に3つくらいの経営研究会に入っていた関係で、将来予測だの、経営戦略だのには造詣は深くないが、権威者の話は聞いていた。

経団連の副会長などをされた武田氏や、同友会などの何人かの著名人とは、人の紹介で面談や食事をする機会を持っていた。世界経営協議会では、富士ゼロックスの小林陽太郎氏とは酒を飲まない会議などを持っていた。

彼らの話は面白く勉強にはなるが、実務との乖離があること、新しいテーマの読みはあまり信憑性が持てないことを感じていた。彼らと正面からぶつかって論理的な反駁などができる理論も根拠も持ち合わせていなかったが、彼らが所属していた研究所や企業の経営戦略と現実の読みが合致していなかったのを見ていたからであった。

これらを通じて、大組織の凄みと問題点、新機軸への挑戦への難しさなどを肌で感じていた。

それに比べて、今現在私の抱えているテーマは小さいので何とかなると思えた。

出店計画と規模と採算性を表にし、3年計画にしてみた。

その案なら経理上での反対理由はないという反応を得た。外国にいる佐保にまったく相談もなく動いていることに申し訳なさは感じていたが、きっと彼も理解し、賛同してくれるだろうと考えて企画書を上申した。

構想としては、営業推進本部の創設であり、アメリカ本社にない部門を作る。

・代理店部
・法人開発部
・火災営業部
・傷害営業部
・営業企画部

を創案した。

佐保には帰国後法人開発部の部長になってもらう構想であった。

営業推進本部長に得平常務、副本部長に藤野常務になっていただき、河野さんには火災・傷害部門の部長となってもらうことでタイアップ部門の独立性を高めた。

私の営業企画部は藤野常務が上司となった。

限界論を超えて

その後、法人会・納税協会の保障制度は、限界論を超えて単年度に400億円の挙績を挙げる存在にまで成長した。

法人会・納税協会マーケットについての経営計画は佐保の専任業務となり、マーケット限界論などの影響は受けない存在となった。

河野氏には得意な営業戦略を営業推進部門長としてやっていただくことになった。

佐保は、部門の長としてのやりがいはできたが、今までの相談相手でもあった私が別部門になったことからいくぶん気分を害してはいた。法人会などから要望されたサービス・ネットワークなどを迅速に整備したことなどについては喜んでくれた。

私は営業企画部の課長で、上司は常務であった。NY本社にはない部門として、商品企画、出店計画、新サービスの開発を標榜する課長として出発した。

最初にやりたいことはサービス・ネットワークの構築である。さまざまな地区にある「営業所」だの「事務所」だのという拠点をすべて「支店」という名に変更した。

社内的には大支店の長と中小規模の支店長に格差をつける構想とし、人事規定も変更した。

首都圏にも徐々に、上野、池袋、五反田を出店した。

大反撃

これに対する反撃があった。一部は社内からだったが、都心部に所属していた代理店からもあった。不満は本社ビルに関するものだった。

本社の新築に伴い大所帯の東京営業部を解体することになった。東京営業部という大組織には相当数の代理店が所属しており、千代田区丸の内1丁目1番地に念願の本社ビルができた。新社屋の柱の一部は自分達が貢献してできたものであり、たとえ1カ月、1週間なりとも、新社屋のデスクに座って仕事をしてみたかった、というものであった。

新規に支店長と任命された人物も同様のことを言う。こうなるとその情緒的な反撃は合唱となり、どこかに集中する。未成熟な段階であったＡＩＵは魔女狩りよろしく、「発案者は誰だ？　決定者は誰だ」ということになった。

発案者の一人は私であり、それは効率性と将来展望から出たもので、私がやらなくとも近い将来は出てきた構想なのである。周りを見ると出店構想に賛同していた人たちも消えて、なんと自宅にまで主だった代理店主から苦情の電話が来た。「あんたは人間味がない」という。

火災や傷害のキャンペーンでマーケッティングを共に考え成功した人達も、「せめて１週間でも」と言う。それに対しては、

「仮に１カ月、代理店デスクを用意して、さあ、上野とか五反田の支店に移動してくださいとなったらどうされますか？　引っ越し作業が大変だとか、顧客への連絡先の印刷物の変更を１カ月でまたやるのかとなりましょう。首都圏での代理店の合同会議なども考案するので、移動に応じてください」と頭を下げた。

ところで、私の自宅の電話番号をどうやって知ったのか？　社内報の年頭挨拶文や業界団体への挨拶文の元原稿を私に起案させていた方たちからだった。代理店と営業担当役員はかなり近い関係で、店長や営業社員の交代などの情報は代理店が先に知っているという弊害も出ていた。「支店経営上、代理店と社員の相性のよし悪しはかなり重要だが、人事異動の発表以前に代理店がそれを知り、社員や代理店に漏らすのはいかがなものか」と苦言を呈した。

一回り下の部下にこれを言われると、上司は面倒な部下を持ったと思っていたことだろう。

営業拠点の新設に伴って、東京営業部という大きな組織が解体され、風通しが良くなった。東京営業部の部長が「ＮＯ」というと、四つの課の代理店に働きかけができないのだ。それが東京営業部、赤坂支店、

銀座支店、上野支店、新宿支店、池袋支店、五反田支店に分割されると、決定権者が増えるので手間は掛かるが、支店経営上のテーマであれば説得ができる。そういう利点があった。

保険料の支店別・支社別計上（双方の所属営業店に）

大同生命社の営業挙績（傷害保険部分）を、ＡＩＵの支店挙績にすることは二度ほどしていた。

分割した首都圏支店の長は、それまでは帳票上の数字が一括して本店営業部にシェアされていたものが、自支店の数字に反映される仕組みになると、眼の色が変わった。国庫収入が自治体の助成金として計上されたようなものだ。すると、彼らの仕事の一部に大同生命支社長との接点が出てきた。

というより、新規傷害保険の挙績と継続保険料のパイが、大きな代理店の上げる数字より大きくなったのだ。

こうなると、もはや、私の督励だのセールス・エイドだのは必要がなくなる。たまに出る拗れた糸や開いた穴を修繕すればよいので楽になって、次の戦略に取り掛かった。

ＡＩＵの生保挙績を所轄大同支社の成績になるように大同の本部にも掛け合った。すると僅かでも支社経費が上がることから、支社長の態度が変わるようになってきた。

支店長と支社長の交流の場を設定することで、互恵の感触が一部に醸成されてきた。両社の店長転勤が普及を促進するようになった。

互いにサラリーマンであるから転勤がある。新赴任地で前より共同歩調の取れていない店は何とかしようとした。

仕事というのは、心（やる気）とそれの受け皿の仕組みが合えば成果は出る。まったくの新機軸などは時機という運が付きまとうが、この保障制度はマーケットのニーズ・ウオンツにはミートしていた。

その後には、保障額の1億という数字が、時代の要請に満たなくなり2億となり3億となっていった。

企業が抱えるリスクは絶えず経営環境で変わる。それにマッチする対策を講じないと破綻する恐れが増大する。

三つの提案

この保障制度の普及促進というテーマから、店舗展開とか経営戦略、新商品などに目が行くようになった。また、急成長した日本の営業展開にNY本社が新たな関心を持ってきた。

我々のような若輩者の意見を聞くようになったのと同時に要求がきつくなってきた。グリーンバーグ氏が指令したのか誰かはわからないが、情報収集と新たなマーケッティング手法を研究しろとか採用しろと指図が出てきた。

それが時流に合っていたり、日本に合っていればよいのだが、ほぼほぼ見当違いのアメリカでの流儀を採用しろというものだった。部門色の強いアメリカからのスタッフは、それなりのレポートできるものを短時日の間に出さないと帰国して出世できないのだ。

それは理解できたが、その都度振り回される日本のスタッフが可哀そうだった。このプロジェクトに参画した時から、佐保と私は、この理不尽な仕組みを変えようという点で一致していた。

膨大なレポートを営業種目別に書いて、中期経営計画を立案し、数人の英語の達者な仲間に翻訳を頼んだ。

70年安保闘争などに代表されるように、学生運動や社会運動も激しく、日本独自のという機運も出ていた。ＮＹも日本の連中に少し任せてみようという機運も出ていた。駐在外国人が減ってきた。

経理担当常務に、減った外国人の諸経費を新たなマーケッティングに投資してほしいと相談に行った。またまた突拍子もない難題を持ち掛けてきたという顔をされた。具体的に何を考えているのだという。

そこで三つの提案をした。
１　ＡＩＵ独自の口座振替システムを構築したい
２　コンピュータ・システムの別会社を作ってほしい
３　通販にトライしてみたい
「なぜだ」と言う。自説をぶつけた。

１については、法人会などを通じての保険料の口振システムの利便性を会得した。今後はあらゆる商品に、月払いのシステムを活用できるものを開発したい。このシステムが導線なので、他社依存度が強い口座引き落としシステムだと、万一の場合に孤立するような事態になるおそれがある。戦地における兵站の確保（ロジスティック＝補給路の確保、人の補充、食料兵器の補給など）と同じように、独自の回線を持つべきではという提案をした。戦地で前線経験のある常務は私の提案している趣旨は理解してくれた。

一体どんな商品と成果を考えているのかということになった。その場に出そうと思ったが、１週間の時間をもらった。

月払いの自動車保険、傷害保険と新種の個人賠償保険などを個別あるいはセットでフル・チョイスできるマトリックスタイプの物を考案していた。１週間の時間を何に使うかというと各部門の了解を取ることが必要だったのである。

当時のＡＩＵという組織はＮＹの部門の権限が強く、日本独自のセット商品などという発想は了解を取るのに苦労した。軍隊でいうと、航空隊が人材の募集と訓練を行ない潜水艦部隊に編入することはないことを想定して欲しい。1週間で色よい返事をくれたのは自動車保険部だけだった。デザイン会社に次期の商品企画で使うかもしれないのでゆっくり、のんびりというイメージで亀を使った自動車保険のラフデザインをお願いした。

このマーケットは個人を主とするのでそれほど大きくはない。しかし、短時日の代理店との折衝などを通じて、代理店業務の法定帳簿の記載事務の軽減、契約手続きの簡素化など、事務量の負担を減らすことで、新規営業時間の捻出を狙った。

1　代理店の営業効率と現実

通常の代理店は1年ごとに顧客に継続の通知を出し連絡を取り、日時を打ち合わせて申込書をもらい、集金してカバーノートを切るという作業をしていた。すべての作業を省略はできないが、現金の授受は銀行への入金だの記帳だのと雑務が増える。

損害保険の代理店がなぜ大きくなれないかを研究すると、契約が増えれば増えるほど雑務が増えて新規契約募集などに時間を割けない。すると、規模の限界がきてしまう。ひいては保険会社が膨大な代理店を抱えないと収益が上がらない。それは社員を多く抱えることを意味しているのだ。

これらの一部を改善するために、徐々に事務処理とか無駄な作業の削減を知らず知らずのうちに達成することを目指していることを強調した。

この提案に、本来は営業担当役員が先に賛意を示してほしかったが、経理系の役員が納得してくれた。法人会・納税協会と同じネットワークを構築するために、浮いた経費を使わせてというものなのだ。しかも捨てるわけではなく単に預金するだけなのだ。

「いくらか」というので「およそ5億円」と言った。「大同生命はあの時いくら使ったのか」と言うので「20億円だった」と伝えた。「何故そんなに安くできる」と聞くから、「そのうち銀行には、他の生損保も乗ってくるので、先取特権のような感じでお願いしてみる」と頼んで了解を得た。

損害保険は、事故だの死亡だの怪我などがなければ、大層利益が出るものなのだ。しかし、それも顧客がいてこそであり、保険料を獲得するまでのアクイジションコストが安くないと儲からない。そこに着目して、より効率的な営業システムを考えた会社が生き残るのだと考えた。

普段の生活態度を見るとあまり緻密ではない私が言うものだから、周囲はほんとに自分で考えたのかと訝しがられた。自分なりには理路が整然としていると思っているのだが。

余談であるが、私は後に労働省（現厚生労働省）から労災保険の収支改善コンサルタントを委嘱された。企業規模と業種により労災事故の発生率が異なる。改善のキー・ワードは、経営陣の労災事故予防に対する関心を高めることと、安全・衛生に関する教育と設備・環境の整備であることがわかったからである。役所は行政指導はできるが、末端の事故多発事業者への指導までは手が回らない。約１００万社の事業所に対して、労働・安全衛生の監督指導官は当時３０００人しか存在していなかった。

そこで弱小企業の安全・衛生のレベル向上に役立つ仕組みを模索し考案した。それに保障制度を組み合わせて被災者への補償と企業の経営基盤安定化をセットした。

2　コンピュータ・システムの別会社構想

特殊な才能の人材を確保するにはコストが掛かる。

大型コンピュータの導入と利便性の高いシステムを構築しないと、金融業などは生き残れないという情報を得ていた。それにはレベルの高いプログラマーの確保が必須だという。電算部の連中に新しいプログラムを依頼すると担当者によってかなりの差が出ていた。システム構築以前にこちらの意図の把握レベルとか新しいシステム構築のスキルを持っているかどうかであった。

ＩＢＭ社から来ていた部長や課長などからスキルについての情報を集めると、自分たちはすでに計算尺みたいなもので、発想の段階から新たなものへのシフトができない、ついていけなのだという。優秀なプログラマーは高収入で引き抜かれる時代で、ＡＩＵの給与体系では採用できないということだった。ならばどうするか?

特殊部隊の人材確保のために給与体系を変えるということは、社会保険負担とか退職金、年金などの負担を考えると大変なことになる。ならば、独立請負特殊会社を設立するしかないと考えた。

問題は人材のリクルートと管理職者の手配だった。ある種、職人の世界なので管理の能力と特殊スキルに精通している人材をリクルートし、コントロールしなければならない。

企業内企業の立ち上げ構想であった。

優秀な人材の引き抜き合戦が始まっていた。まるで相場のように乱高下する情報を聞くと私の意欲は萎えた。なぜなら、具体的な候補者を持っているわけでもなく、差し迫って構築しないとならないプログラムもなかったからだった。最も難しかったのは、コスト計算が見通せなかったことにあった。

もう一つの要因は、現場の電算室からそのような構想が出ていなかったからである。この構想はアイスボックスに入れることにして提案を取り下げた。

3　通販にトライしてみたい

通販イコール代理店をスルーする仕組みだと誤解されそうだが、特定の客層を見つけるあるいは特定の商品を安く提供するには、無駄なコストを省く必要がある。

保険という仕組みに代理店手数料があるので、保険者としてはこのコストも重大なテーマではあるが、売れないと保険ではない。ニーズ・ウオンツを見出すあるいは開発するのは誰か？　保険会社の社員なのか？　代理店なのか？　リスクがあってそれにミートする保険が成り立つ要件が整えば保険商品となる。それをより速く正確に注射や投薬のように顧客に届ける仕組みの一つに通販は良いだろうと考えてやってみたかった。

別掲したが、後にこれはダイナースクラブの会員向け情報誌でトライする寸前に断念せざるを得なかった。何事も時代というものが容認したり許容する環境にないものは、陽の目を見ないし育たない。

残念ながら、1しか達成できなかった。将来を見据えて、法人会が締結していた銀行との契約は法人会の保障制度という縛りがあったのをＡＩＵが販売する保険料の口座引き落としという文言に変えて契約書を交わせた。将来のパッケージポリシーを想定していた。

第11章　その後のＡＩＵで

沖縄返還をめぐって

１９７２年、米国の統治下にあった沖縄が返還され、県の43番目になった。そのことでＡＩＵにはすぐに影響が出た。ＡＩＵ琉球という組織があり、保険の許認可権限が米国から日本国に移管されたのである。同時に法人の管轄も日本になり、ＡＩＵ琉球は消滅してＡＩＵの沖縄支店と組織変更となった。

全社的な困ったことが起きると、なぜか私にお鉢が回ってくる。登記上の問題などは総務部でやるが、支店の社員の組合員化と給与体系、人事問題、管理職者の再教育などをどうするかという問題だ。わかりやすい会社で、そんな時、私を呼び出すときの呼称と声の掛け方で、なにかあることが、すぐにわかるのだ。

役員室の真ん前、秘書を挟んでのすぐそばに席があった。「鈴木はおるか?」「鈴木君を呼んでくれ」「すず～き君は居るか?」の三通りで話の方向性はわかる。叱責などはこれに怒りが混じっているので語気が荒い。

「何でしょうか」と役員室に入ると、「You、パスポートを持っているか」と聞く。「いいえ」と言ったら、「すぐに切符を用意するのでパスポートを取れ」と。「どこへ行くのですか」と聞いたら、「沖縄だ」という。それは復帰4週間前であった。沖縄はまだ営業管轄外であり、法人会の保障制度の採用も決まっていない。それを知っているはずなので「どうしてですか」と聞いた。「復帰後の営業展開と組合問題などの調整をしてくれ」というのだった。「そんなテーマは人事部と営業推進部の案件ではないですか」と返したら「課題が相当あってまとめて話せるのが君しかおらんのだ」という。

聞くと、給与体系の変更、社員に組合への自動的な参加の説明、店長などの新たな役割、沖縄での経済団体への接触・加入、筆頭株主であった大同火災社（大同生命とは無関係）への挨拶、商工会への挨拶（法人会は青色申告会の中に仮住まい）などであった。

その頃、私は外務大臣でアーチェリー連盟会長の愛知揆一さんの若手の会に顔を出していた。沖縄の道路交通事情が5年後に右側通行から左に変わるとか、幾つかの雑情報などは得ていた。しかし、基盤産業がなく、基地の継続やさまざまな重要課題に関しての解決策や提案をするほどの頭脳を持ち合わせてはいなかった。

六人ほどいた他の若手の連中は、私にはない感覚で政治や経済についての意見を語っていた。後に彼らのうち二人は政治家になり、ほかの連中も通信や製造業の経営者になった。能天気な私は平々凡々としたサラリーマンをこなし、会社の特権で与えられたアメリカン・クラブなどで座談会を開いたりして、関係だけは続いていた。

言われただけで名刺交換に行った大同火災の経営者も、私が余りにも若いのでびっくりしていたが、筆頭株主の表向きの代表者なので丁重に接してくれた。

1週間ほどの沖縄滞在であったが、地元の重鎮たちはあまりにも若い私への遇し方で困惑していたようだった。夕食会などは適当に飲んだり食べたりしたが、年齢差が接点を邪魔していた。

戦中戦後の環境の違いが招いたものだと今は思う。

突然に「ゴルフはされますか」と問われ、「下手ですがやります」と答えた。翌々日くらいに丘陵コースに行った。年配者の打球が左にそれたので、キャディと探しに行ったら、Poison Snake の看板。沖縄の毒蛇ってハブ？　そのテーマからキャディと話しが始まり、ショート・ホールで私がワン・オンした時に Good Shot という英語しか通じなかった。つまり内地から来た若造との会話の糸口が見つからない彼らは、終始沖縄弁で話すので、私には外国語だった。

ただ、共通のルールのゴルフでは良いか悪いかは誰しもがわかる。悪いショットに対する共通語は無言で、良いショットに対してはＧｏｏｄがある。その後のホールから強い訛りの日本語で会話が始まった。

海外旅行初のパスポートが沖縄では嫌だったので、日本復帰して1週間後に出張したのだが、今考えると記念になったので取得しておけばよかったとも思う。

新会社構想

なぜ沖縄のことを書いているか、説明しよう。

その後、大同生命は定年した人を対象に、大型保障専門の営業部隊を創設した。この動きなどを見て佐保が「鈴木ちゃん、うちでも考えられないか」と持ち掛けてきた。

傷害保険専門の営業部隊ＤＳは、営業マンの腕に頼るところが多く、新規に採用する営業マンが生活できるだけの営業基盤を傷害保険の挙績だけではなかなか築けない。結論としては、ＩＳ社員制度に吸収することになって、全保険種目の営業展開しかなくなり、ＤＳ制度は消滅した。そんな環境の中で、大型保障専門の営業部隊を創設してくれないかという要望は、大変困難だった。

ＤＳ制度があったころの給与体系や、法人会大型保障制度の手数料を調べ直した。彼の要望する営業社員を数十人にする構想は、固定経費や諸費用を支払うと初期投資が膨大にかかる。ＡＩＵの経営体質から考えて無理なので、断念してもらった。

しかし、思わぬ指令が出てきたのだ。ＮＹの資産運用管理部からＡＩＧが保有する沖縄の資産を活用して、新たな活動を考案しろという指示が日本に来たのだ。原資は沖縄にある土地建物、大同火災の株式がそれであった。

これに対して、役員会は営業企画部と法人開発部に、検討して提案しろと命じてきた。

後になってわかったことだが、ＮＹの担当者は沖縄返還と基地返還に伴って、面倒な資産管理をしなくて済むように何かアイディアを出せるか、と問うただけだった。これが「伝言ゲーム」となった。最初の発言が変化して伝えられ、私たちには「沖縄の資産を手放すので何とか有効活用しろ」という指令になっていた。

法人開発部の佐保は、大同生命が採用した大型保障制度専売部隊の構想を再度取り上げた。そして、その構想がペイするかどうかの試算をしてくれと営業企画部に投げ掛けてきた。

部門としては試算の要請に応じて、沖縄で保有する土地評価とか大同火災社の株価などを調べた。およそ4億円の価値があると判明した。部下にも考えさせたが、サラリーマンになり切っていて会社設立などの案が出てこない。

自分のアイスボックスに仕舞い込んだ過去の構想をいくつか解凍した。

①　コンピュータのシステム開発会社構想

②　保険料ファイナンス会社構想

①の構想は、以前に財務担当の役員に提案したが、電算部が積極的な姿勢を見せなかったのでお蔵に入

れたものだった。今でいうファイナンシャル・スペシャリストに高額の報酬を支払うのと同様の考えで、開発受託会社構想である。

昨今のコンピュータは軽量化・短小化・簡便化が進んでおり、さまざまソフトウエアが開発されたことで、システムの構築は元のアイディアさえあれば容易にプログラミングが可能となった。当時の大型コンピュータは遅い演算能力にもかかわらず、空調設備、広いスペースが必要だったため、買い入れようとリースであろうと物凄いコストが掛かった。卓越したプログラマーを採用すると処理時間が短く効率がアップし、経営に寄与することがわかっていたが、スペシャリストの採用には時々刻々と変化する採用条件（報酬）に適応する必要があった。

いわゆる通常の給与体系では採用ができないし、年俸制での短期採用と延長というシステムの企業にしないと優秀なプログラマーなどを集められなかった。

その需要に呼応するためというより、社内での需要を満たすための別会社化の構想だった。しかし、適正人材の確保の方策でつまずいた。新たなプログラムを組むには向いているが、保険会社は過去のデータとのマッチングなどもしなければならない。優れた技術力ではあったのだが、すでに組まれている過去のデータを引き出して行政に提出する資料を作るなど、そうした作業をさせるには向いていなかった。

別会社とはいえ、年俸制の企業を管理する管理者の給与体系なども考えると4億円では単位が足りなかったので、まさにフィージビリティスタディの段階で消えた。

②リスクファイナンシングの会社構想は、海外物件や大規模リスクに対する保険料のファイナンシングであると同時に、リース・レンタルの分野の構想だった。役員会に提出したが、構想の理解が進まなかっ

た。

法人開発部の佐保の提出した案は、大同生命が既に実験の段階を超えて操業している保障制度の専売会社であった。

佐保が法人開発部の部長に就任した後、私が引き受けていたＡＩＵの大型保障制度の挙績をあげる役割も担うことになっていた。彼の意図は、これまでのやり方と彼の部下の動きでは思うように増収できないので、何か別の企画をしようと考えているところに、役員会からの天恵とも思える有効利用企画の提出要請が来たのだ。欠点は、月払いなので分母が蓄積するまで赤字が続くが、継続契約が予定契約件数を確保できると5年目からはペイするという試算表がものを言った。

この試算表は私の部で作成したものであった。

思わぬ展開

ＮＹとのやり取りがあったようで、しばらくは何の音沙汰もなかった。

ある日役員から「沖縄ファンド活用プログラム」が決まりそうなので、再検討をするよう指示があった。どの案を再検討するのですか？　「大型保証制度専売会社構想」だよと一喝された。私の案は抽象的で、目指すところが将来の保険業界の変遷に備えるものであったので、没にされたとのことだった。

「大同火災」の株価と将来性、沖縄の保有土地の価格と将来展望を優先して再調査から始めた。「大同火災」は、１９５０年に「琉球火災」として米軍統治下で沖縄県の保険会社としてスタート、71年12月に「共和火災」と合併して「大同火災」となった。社名の由来は大同団結にある。

ＡＩＵは「琉球火災」の筆頭株主であり、日本復帰の72年5月15日、「ＡＩＵ琉球」が日本の「ＡＩＵ

沖縄支店」ということになった。

それに先立って、私は沖縄への出張を命じられた。

・沖縄支店の当年度営業予算と経費処理の変更
・社員の身分変更と組合員化の説明
・給与体系の説明
・支店長権限の説明
・加入済経済団体などへの挨拶（法人会は青色申告会に間借り、73年）
・大同火災への挨拶

人事部、総務部、経理部の管掌分野であるが、経費を掛けずに済ませることができるのが私だというのだ。

主たる営業種目のタリフ（料率表など）を知っており、約款を理解していて営業と査定の教育ができる、次の営業種目である法人会の大型保障制度の概要を説明できる、支店長と経営方針の話ができる、大同火災に関しては挨拶だけであるが既知の会社だった、ということで、その役割が回ってきた。その会社の株を担保として活用するという。

沖縄の保険事情が全く摑めなかった。

野村証券の株式部に知人がいた。後の三洋証券社長となった方である。証券会社の調査部に情報を集めてもらったが、よくわからない。法人会での繋がりがある富士銀行にお願いしても、同じ状態だった。

現在の沖縄と違って、大規模な米軍の基地の存在、それに伴う基地依存経済、地場産業がなく、データがあるのは人口統計程度だった。「民力」などの経済指標のデータにもなく、問い合わせても皆目わからなかった。日本復帰計画は発表されていたが、具体的な経済活性化計画などは暗中模索状態。したがって、ＡＩＵ琉球が所有していた土地家屋などの価値は、鑑定士に頼んでもよくわからない状態であった。

新会社の現実化

その中で、「大同火災」の株式と「ＡＩＵ琉球」所有土地建物を担保としたプロジェクトがスタートすることになったのだ。

私の使命は、この資産には本当はどれほどの資産価値があり、どれほどを担保として借り入れができるのかを調査すること。メインバンクである三和銀行と接点を持った。

本来は財務部か経理部の仕事であるが、借り入れを起こして会社運営を5年持ちこたえさせるのが目的なのでやれという。総資産価値が当初4億円と言われていたが、いざ新会社の立ち上げという段になるとおよそ2億円が上限ではということになった。

大同火災の顧客は米軍の軍属などが主で、日本復帰に伴い駐留軍人を削減する方向であるので保険収入は減る。

ベトナム戦争の影響をかなり受けていた。アメリカ軍は73年にパリ協定などで撤退を決めているが、その前から劣勢で、不毛な戦争から手を引く準備の一環として、地上部隊での戦闘から空爆にシフトしていた。沖縄の基地は必要だが、軍人の数は減らす方向になっていたようだ。地元の経済人も、米軍依存体質から地元産業の振興へシフトすることを考えている。このことは、別にかかわっていた研究会で知ってはいたが、具体的な産業がなかった。したがって土地の価値はもとより、株の価値も低くなった。

アメリカ人、というかアメリカという国も変わった傾向があり、時として判断を間違う。進出撤退の決断の速さは群を抜いているが、その因がよくわからない時がある。沖縄の日本復帰に伴う保有資産を、なぜこんなに急いで活用しなければならないのかが判然としなかった。しかし、企画部の立場としては、有効利用という名と推定金額に惹かれて走った。

変動する外貨を担保・活用して、国内で事業を展開するようなことになった。国内経済の中期予想と法人会の保障制度の販売見通しなどを予測し、社員のリクルート計画、教育計画、経費計画などを立案し、資金計画を立てた。

法人会の大型保障制度の拡販というが、事実はＡＩＵも積極的に取り組んでいますという姿勢を見せ、制度立ち上げの頃に約束した寄与率20％を達成したいというものだった。

新会社構想は、役員2人とクラーク5名、営業管理職5名、営業職各6名、総合計40名規模でのスタートと決まった。ＡＩＵの出店計画などはいくつか経験しており、新支店長の任命が終わるとスタッフィングなどはお任せになり、リクルートや支店の場所決めなどは候補地を推薦して総務部や新支店長に任せていた。この新会社もそうすべく新社長の選任にまで話が進み、佐保からは京都支店長を推薦してきた。北海道出身の人物で、大型保障制度での特筆した実績はないが、京都の衣料系の街の戦略的な営業で成功を収めていた人物であった。佐保の個人的な推薦に乗るとの確約が取れているという。

新会社K・Kアイスコ

新会社構想の中核人物は、NYとの接点から営業推進本部と経理財務担当役員で決めることになった。机上の案を出し終えたので気楽になっていたら、人事担当役員が時間があるかという。何事かとホテルで話し合いをした。

別会社に社員を出向させるに当たって、人事規定や給与規定を作らねばならない、出向期限と復帰してからの待遇なども考慮しないとならないという。要するにこういうことだ。

新会社K・Kアイスコに真鍋支店長が決定した。支店長は社長となり、成功したら継続するし、失敗したら復帰は念頭にない。

佐保の推薦通りに決まったので、「そうですか」と引き取った。

「問題はもう一人の役員なのだが」という。

「該当する本人にお聞きになったら宜しいじゃないですか」と返答した。

「だから聞いているんだ」という。

まさか自分が対象だとは思わなかった。

新会社の経営計画は、その不安定要素も成功確率もわかっている。だが、そのお鉢が自分に回ってくるとは思ってもいなかった。同じAIGのグループ・カンパニーである。規模と歴史が違うが新生の兄弟姉妹会社なのだ。大型保障制度の販売専門会社で、昔のDS部隊と同じなので、「私より向いている人物がいると思いますが」と投げ返した。

さらに、取り掛かっているテーマを説明して、それらを完成させたいと主張した。その件は次の部長が継続してやってくれると思うという。「エッツ、次の部長?」私は上司が常務であったが、課長で部を取り仕切っていた。私の後任は、部長が既に候補者を決めているようだ。何と手回しの良い話だ。河辺や浜辺で周りを囲まれた魚のようで、飛び跳ねて脱出する以外に逃れることはできない。

人事担当役員の口調と顎の筋肉の動きから、これは既定事実で、彼はこれを覆すことができないのだとわかった。所詮サラリーマンは、池の中の魚だから、与えられた環境の中でしか生きることができない。

新会社の取締役営業部長に

転職などを想像することはできなかった。

ＡＩＵという会社にそんなに惚れていたのか？　外資系の会社の良さも悪さも知っていた。先週末に両親と話し合ったテーマが脳裏に浮かんだ。妹の乳がんがリンパに転移して予断を許さない状態だという。それと新会社への出向とは関係がないのだが、考える時間がほしいとは言わなかった。完全に出口をふさぐ〝追い込み漁〟だとわかるからだった。

「軌道に乗せたら戻らせてください」と言った。

「わかった、役員登記用の印鑑証明を用意してほしい」と言われた。

新会社の社長が、手元に欲しい人材は私ではないはずなのだ。人事担当役員と別れた後に上司と面談した。彼らが決めたのだから今更覆すことはできないが、少しでも人選の意図を探ってみたかった。自分達もその年で役員になったのだから、頑張ってやれやというだけだった。

私の後任には東京営業部長が就任した。引継ぎの半分は反応がよろしくなかった。

この時点で、また佐保との接点、つまり大型保障との関係が密になった。そもそも法人会の経営者大型保障を拡販するために作った会社の取締役営業部長なのだ。

世間的には、30代半ばで小さいとはいえ外資系新会社の取締役は栄転だという。社有車が一台与えられ、AIUの役員と同じように、会社経費でゴルフ場の会員かアメリカン・クラブの会員かを選択しろと言う。アメリカン・クラブを選択し、英語での入会面接をかろうじて通った。妻や両親には年収が変わらずグループの会社に出向くことになったと伝えた。個人的には太陽系の惑星から衛星になったようで寂しかった。

日本の経済は朝鮮特需で潤っていたが、緩やかな変化の波に晒されていた。そして、ニクソン・ショックとオイル・ショックなのだ。数年に及ぶ右肩上がりの景気を享受してきた世の中は、下がる方向に合わせることができなかった。

どの会社も既に立ててある予算を必達するべく努力を重ねた。どの企業も新しい社長の好みで為替変動に対する対応の手を持っていなかった。

K・Kアイスコのスタート

新会社K・Kアイスコはオイル・ショックの渦中に設立されていたが、社長も取締役も目先の対応に精一杯で周囲を見渡すゆとりも能力もなかった。

新聞広告などで社員募集をかけ、面接を行ない、教育マニュアルを作った。仕事の分野調整で、社長は事務所だのオフィス・レイアウトだのを任せてくれというので、お任せした。赤坂で、火災を出したホテルニュージャパンの真ん前にある日生ビルの4階に100坪ほどの事務所を構えることになった。社長の好みで、総絨毯敷で役員室には簡易バーまでしつらえられていた。立ち上がりの経費予算が2億ほどあるので、移動式簡易バーの経費などは問題ではなかった。

世間は不況期に入っていたので、募集には応募者が上回っていた。この辺りで経営分析などに携わっていた私は気づくべきであったが、後手を踏んだ。目先の月次報告を英文で出したりといった経営計画の必達のみに傾倒し、客観的な視野を失っていたのだ。

保険に対する知識は社長と私しか持っていない組織運営はそれなりに大変であった。経理のクラークなども採用したが、外資系の勤務体験がなかったので、毎月の経理処理をＮＹに出す指導など仕事は多岐にわたった。

保険の募集には僅かしか携わったことがないので、社長の「採用の人物査定は任せてくれ」という言葉に従った。

保険業界というのは、ＩＳなどでも採用後の歩留まりが30％あるかないかなのは知っていた。５課での営業展開を構想していたので、営業社員募集と同時に管理職者の募集も行なっていた。優先順位としては５課長を先に採用して、保険全般の教育と大型保障制度の教育をする手筈となっていた。私より年配者も含めて５課長を採用した。教育訓練し、生損保販売会社でもあるので資格試験の勉強をさせ資格を取らせた。もちろん営業責任者である私も資格を取得した。

５名のクラークにも電話応答ができるように生損保の最低情報を勉強させた。

これらの教育指導にＡＩＵや大同生命の協力を仰いだ。ようはＫ・Ｋアイスコは両社の代理店であり募集人だからだった。

会社の設立パーティには、全法連を初め大同生命本社役員、ＡＩＵの役員も掛けつけてくれた。

操業3カ月目の異変

採用人数も増えたが、研修期間であり、保障制度の営業展開はできていない。想定内のことだが人件費物件費は順当に出ていく。私は営業担当役員であったが、内務の担当責任者がいないのだ。新規設立構想の時には内務課長を配置する計画だったのだが、本番の計画書にはなかった。就任前にそのことに気付くべきだったがあまりにも、唐突のことで冷静さを欠いていたのだ。

変更については、ＡＩＧのグループ会社なのでＮＹに申請して承認を得ないとならない。内務課長か係長を配置するとなると、給与体系にもないので大変な手間が掛かる。当座は兼務することにした。

さらにびっくりしたことは、毎月の経費の原資をＡＩＧから振り込まれるものと思っていたら、担保を元に銀行（三和銀行）から借り入れる交渉をしなければならなかったのだ。これでは話が違うとＡＩＵの人事と経理の役員に折衝に行った。悪いがその辺までの詰めをしないでスタートしてしまったという。ＮＹに対するMonthly Reportは手伝うので何とかこなしてくれと言う。

家賃・給与・電話代・リース代・光熱費など約２０００万円を毎月、手配しないとならない。

銀行の支店長が部下を連れて訪ねてきた。ニクソン・ショックに続いてのオイル・ショックで、貸し出しの原資である資産の価値が目減りして、継続的に今の金額を融資することが難しいと本店から指示があったので伝えに来たという。

中途採用なので教育が絶えず続いていた。

社長は、店舗経営は任せろと言う。営業マン指導には独特の方法を持っていて、夕方の4時から気のあった営業マンを呼び寄せ、社内で飲み会を始めるか麻雀に出ていく。その理由は、まだ基本給以外に手当のない連中に飲む現金がないだろうから、飲みながら営業の機微とか展開の仕方を指導して人心の掌握に努めるのだという。支店長としてそれなりの実績を持っているので逆らうことができなかった。

採用人員が増えてくると、酒を飲まない人間や飲めない課長もいて、自動的に人間集団の色分けができてきた。

5課の課長の人間性でのカラーと社長派、私派。設立早々の会社なのに5課×2派の面倒なマトリックスができ上がっていたのだ。

社長が経営していた支店はすでにでき上がった支店で、OJTを通じて保険が売れてくるというパターンであった。今回は、先達がいない環境で、指導的立場の課長も同期入社という環境なのだ。

私はジレンマに陥った。営業経験のある元支店長の社長と直接営業体験のほぼない私とでは、経営・運営方針が合わないのだ。この差は入社したての神経が張り詰めている社員には当然のごとく伝わる。

独立した会社としては、相談するとしたらグループのトップであるNYしかない。NYには、沖縄返還に伴うＡＩＵ琉球の資産活用というプロジェクトの一つであり、案をＡＩＵに任せたら法人会の保障制度販売会社案が出てきたので、やってみたらと決めたもので、その後の運営は臨機応変に現地でやるべきものだという。

営業部長という役割の中で、本来業務とのシェアリングを比較すると

	3カ月目	6カ月目	1年目	18カ月目
経営資金の調達	30%	35%	40%	50%
営業社員の教育指導	30%	25%	25%	35%
マーケティングの模索	30%	30%	30%	10%
内務処理指導	10%	5%	???	
社内トラブル	5%	5%	5%	???

毎月のレポートに対し、NYからのコメントは事務的なものであり、彼らはリクルート計画の達成率とか、ダイレクトメール作戦の出費率とかに関心を持ち、こちらとは関心が異なっていた。

営業社員にも営業スタイルがあり、営業課長にも独自のスタイルがある。販売会社は兎に角、数字が付いてこないと成り立たないのだ。

リクルート社からの転職してきた営業マンがいた。我社も営業マンをリクルートする必要があったので、募集媒体として毎月のリクルート誌の裏表紙に定期的に人材募集広告を出すことにした。

彼とは、新機軸で意気投合し、リクルート社の新規採用者全員を法人会の大型保障制度に加入させるという案が採用された。小額の保障制度ではあるが、加入者の数はかつてないものであった。

宮内庁御用達の菓子のメーカーといった、面白い契約が出始めた。

真面目な課長の一人がくも膜下で急逝した。自動車会社からの転職者であったが、入社時の健康診断ではその兆候は見つけられなかった。

盗癖のある社員がいたり、さまざまなタイプの社員が集まっていた。採用時に適正テストだの性格分析のテストなどをやって採用したが、皆さん反応が良く出るノウハウを持っていたようで苦労した。

プロジェクトから営業推進部、営業推進本部となり、その後に佐保の発案で私が反対していた大型保障制度の販売別会社（ＡＩＧの直営会社、株式会社アイスコ）に私が役員として出向することになった。

当然の如く、またまた密なコンタクトを取る関係となった。

Ｋ・Ｋアイスコの閉鎖と左遷

時は我々の思惑通りには流れなかった。新会社はほぼ予定通りの挙績を挙げていたが、世界的なオイル・ショックという経済変動のあおりを受け、ＮＹの経営判断で人材と資金の集中という名のもとに、私の出向先Ｋ・Ｋアイスコは閉鎖されることになった。１９７６年のことだった。

操業開始からわずかな期間の企業は揺れた。

ＮＹのバック・アップがなくなると、金融機関からのサポートを取れなくなり、資金繰りが中断した。クラークは正社員としてＡＩＵに転職してもらい、男子の営業マンの半数はＩＳ社員となってもらった。

会社都合での廃業なので、ＮＹと折衝して6カ月の退職金の支払いで解決した。

労働組合が結成され、今度は会社側の立場で団体交渉に臨むことになった。この時は自分が募集し、面接をして採用した何十人かを解雇する苦渋の結末を迎える立場になった。

その後は事務所の撤去だの残務処理があったので、ＡＩＵ赤坂支店の課長という待遇で時を過ごした。

人事委員会から出向を解いたので、復帰に際して札幌、仙台、神戸の支店長を選択しろとの内示を受けた。一つを選択してその覚悟をしたら、再度人事委員会が開かれ、苦労が足りないから新設店舗の所長を選べと言う。選択肢は姫路、大分、前橋であった。

ＡＩＵに雇用された女子社員５人とＩＳになった人達のその後と労働条件が気になり、さらに社内外の人間関係を継続したかったので、近い前橋支店開設所長を選択した。

新設店舗を軌道に乗せるには、また最低５年は掛かると考えて、マンションを売って移動したが、役員間の抗争があり、退職した役員が数十人の社員を連れて外資系同業他社の社長になった。

アメリカの会社ではよくあることだが、日本では滅多にないことで、社内はかなりセンシティブな環境になっていた。

社長は、社員が転職するのは人権問題なので制限はできないが、代理店の乗り合いなどを厳しく規制した。

転職組の一人が、タイアップ系の代理店を提携時からの人間関係を利用し、競合会社に年末に移籍させた。私に無断でやったことだが、全店メモで規制をした条件を守れなかったということで、私は正月明けに急遽本社に呼び出されてバッシングされ、本社勤務となった。

僅か15カ月の前橋営業所勤務であった。住まいも売却していたので、取り敢えずは社宅扱いの家屋に義母を引き取り転居した。

配属先は技術部というエンジニアリング部門で、世界的なネットワークを持つメーカーの日本現地工場に対するリスク・サーベイなどをしていた。文系の私の出番はまったくない技術部門への左遷であった。

プライドの高そうな私が、今度の左遷で辞表を出してくるのを期待されていたのかもしれない。不思議なもので、一回目の左遷の折には妹ががんで入院していた。転職などで家族に心配を掛けたくないのも一因で、サラリーマンを続けた。

今回は義父が亡くなり、義母を引き取った。さらに間が悪いことに両親が入院し、妹と同じ病院に三人が入院加療ということとなっていた。もう一人義理の祖母が、好奇心に負けて建設現場をのぞき込み怪我をしてしまった。同じ病院に救急車で運び込まれて、都合四人が同じ病院に入院という事態になった。見舞いは昼休みに大手町から飯田橋まで通った。

蓄えをしていない私は転職とか独立を描けなかった。忍従の選択は赴任であった。

出番を見つける

社内では、それぞれの部門が営業挙績を上げるためにさまざまな工夫をしていたが、未だしの感があった。

火災保険の分野では号令をかけても特徴を出せないでいた。

毎日やることもなく部の日常活動と作業内容を眺めていた。やがて分析すると、ＮＹからの依頼物件のリスク診断だけでは組織の先細りになるのが見えていたので、早朝に出社して彼らのレポートを読み込んだ。

中規模以下の物件評価はほぼ80％が同様の内容となっていた。そこに着目して、営業社員やＩＳ社員にコンピュータ評価というスキルを身につけてもらうことで増収の道を見つけることを考えた。

そこで火災保険部長に接近し、営業社員とＩＳ社員向けに店舗物件や小規模事務所などの建物評価のガイドブックを作った。資格制度を取り入れて、彼らが評価して契約したものは保険会社としての評価済み物件として罹災時には比例填補などをしないという条件を、損害査定部と協約して実行した。

このシステムとガイドブック製作費などは当然火災部に拠出してもらった。営業現場は、顧客との面談では、保険リスクから見込み客に接近するので、ほぼ嫌がられている、という環境を体験していた。よろこばれる営業、つまり顧客と営業がｗｉｎ－ｗｉｎの関係を作れる営業スタイルを考案した。前橋営業所での営業の経験から学んだものであった。

この動きを見た傷害保険部と新種部が、あたらしいタイプのサービスを考えてくれという。保険で「こんにちは」を脱却し、コンサルティング能力でアプローチし、顧客が自己の生活信条や経営理念でリスクヘッジを選択するということを考えた。

ただ、これをストレートに打ち出しても、営業現場はまどろっこしく感じ、営業へ結びつくインパクトが少ない。理屈での営業が通用する時代ではない。次なる作戦は、顧客である企業の経営陣の抱えるテーマに応えることであった。

中小企業で手が回らないテーマは何かを考えた。

「人は石垣、人は城」などという言葉を好むトップマネジメントが多い。しかしながら中小企業は新入社員を採用しても、スタートの教育にまで手が回っていないのが実態であることは知っていた。アイスコという40名ほどの会社経営でそれを体験した。そこで、人事部系の新入社員教育プログラムを提供することに着目し、法人会・納税協会の会員向けに顧客サービスとして提供することを考案した。教育研修・人事部からそんなことに関心を示しそうな人材をスカウトした。

そこからまた佐保との接点が再開し、法人会・納税協会にＡＩＵとして「新入社員マナー教育プログラム」を提言し、採用された。

会社の標語に違和感

Best Service For Best Client

（より良いサービスをより良いお客様に）

ＡＩＵは、保険会社のあり方について、他社との差別化戦略で、このような標語とサービス体制の充実を始めていた。なるほどと頷きながらも、へそ曲がり・つむじ曲がりの私は、根っからの賛同はできなかった。

損害査定部はこの標語に従って、公平で迅速に保険金を支払う体制の強化を謳って行動していた。たしかに発生した事故について保険金の支払いを迅速にし、その金額が納得できるものにするというのは理に適っている。しかし「Best Client（より良い顧客）」って事故を起こした契約者なのか？　罹災した契約者なのか？　会社の保険に加入してくれて事故も事件もない契約者を言うのではないのか？「Best Client」というのは継続して保険料を支払ってくれているが事故・事件を起こしていない契約者なのではないか？　そんなお客様に提供できるサービスってないのか？

思い始めると動きたくなる性分なのか、社内のいろいろな部署の人間に想いをぶつけ始めた。さまざまな反応があった。損害査定部、千葉事務所、法人会の保障制度プロジェクト、大型保障制度専売会社、前橋営業所（現群馬支店）、技術部と転々とした御陰で仕事仲間が増え、顧客にも個人的なつながりが大勢できていた。

お客様から「飯を食おう」とか、「話を聞きたい」とかの誘いが増えていた。

個人的にボランティアで三つの研究グループにも参加していた。

企業規模と業種によって抱えている悩みに違いがあること、保険営業が一方的なリスクからの脅しとか、融資がらみのお仕着せ営業とかが多いことなど、苦情や実態を知った。

親しくないと入らない情報が集まった。

自身を振り返っても万が一の時の備えだとか、資金対策だなどと強調してきたのは、不安の増殖と金の困りごとへの助言対策であった。必要な対策であり、助言なのだとは思うが、経営者としてはあまり前向きに取り組みたいテーマではない。

リスクマネジメントの一つに、Good Night Sleeping の確保が目標であるというのもあった。心配事を抱えずに安眠できることが目標となる。そのために普段からどんな予防策をとり、自社の経営に不利益をもたらすリスクの摘出と排除・予防策の採用と点検などなど。企業にとって、それを支える社員や経営幹部にとって反対語でいう Nightmare（悪夢）って何だ？

ドル・ショック、オイル・ショック、不況、市場の喪失、自社の提供する製品の陳腐化・時代遅れ、市場の変化に気づかなかった、重要人材の喪失云々。考えるだけでも嫌なことであった。でも、企業規模の大小にかかわらず、抱えるテーマに共通項と明確な差異があるのが見えてきた。

抱えているが手が付けられないことに、社内の安全と衛生それに安心があった。

安全という課題

大手証券会社の副社長と「企業のリスクマネジメント」というテーマで、一緒にセミナー講師を務めた。これが縁で警備保障会社のリスクマネジメント保険などを研究するグループに参加し、全国規模のネットワーク構想に発展した。

かつて中企業以上は、夜間の警備社員を採用していた。経営環境や人材確保の面などから、この警備会社とそのグループを法人会のメンバーにし、提携を企画していた。「人による警備から電気警備への発展などで新たなリスクはあるか」という議題で、私はケース・スタディとして「都市銀行の支店の仮想盗難事件」を想定して、警備の不備と脆弱性を発表した。

ところが創業者や幹部から「困った」という発言があり、その後の研究会から外され、保険営業のチャンスも消えた。

この会社は他の大手損保と関係を深くした。自社の警備システムから付随したビジネスチャンスとして損害保険の経営に関心が膨らみ、既存の小保険会社に資本参加し、やがて自社名義の損保会社に改名して保有した。安全・衛生・安心は永遠の課題であることと思えた。それをいかに進め、できればビジネス展開に繋げられないかを模索し始めた。

ＡＩＵは大企業などの株式保有がらみの営業展開はできないので、大企業にぶら下がっている下請け企業との提携を模索した。

妙案が出てきた。メーカーでいうと、日立だの東芝だのには、本体よりも部品下請けで仕事をしている人間のほうが多いのだ。そこに着目して協力会社が抱えているテーマで接近することを考えた。労働安全衛生法などという面倒なものを紐解き、発注者責任とか事業所の安全配慮義務などという理屈っぽいテーマにも取り組んだ。

これらの座学をこなしているうちに、安全系の有名な弁護士と親しくなり、さらに代理店を通じて労働安全衛生の専門雑誌を出版している「労働調査会」なる組織とつながった。

社員や代理店は、保険を通じてのリスクヘッジを強調しているが、事故の発生原因に、物的・人的・環境的な要因があるなどということを考えて営業している人物はいない。私もそうだった。

「蟻の一穴」の実例

技術部という未知の世界に配属（左遷）されて、ＲＳＴ（労働省方式安全衛生トレーニング）資格を取り、資格取得研修講座で新しい仲間ができた。

講習参加者は、すべて製造業の安全課・技術のスタッフか建設業の安全担当者であった。あるいは食品系の衛生担当者であった。専攻によって受講科目は異なっていたが、合宿所のような環境で受講しテーマによってはグループ討議などもあった。

私は自己紹介で驚かれた。この施設でも過去に安全衛生の実務者以外で受講した人は稀であり、損害保険会社の営業畑（直前の仕事が大型保障の専売会社営業部長であった）からの受講だったからだ。

専門用語についていけずに、休み時間に周囲の人間に質問をした。講師陣がしきりに発する言葉に「ヒヤリ・ハット」があった。最近ではあまり珍しくないのかもしれないが、講師は連語の如く発音するので、英語なのかドイツ語なのかなどとメモっていた。私は勉強好きではないがメモ魔の一人ではあった。これは優しそうな人物を見つけて「ヒヤリ・ハット」の解説を受けた。

３日目からは教科書の専門用語もある程度わかるようになり、輪番で、座学のグループ討議のリーダーをやらされた。この辺は他の受講仲間よりは体験豊富であったので、うまくまとめた。クラスごとの発表に出て、全体発表のモデルになった。

その縁で、後にはホンダの和光工場の見学の機会を得たり、知らないことなどを受講者名簿を頼りに電話で教えてもらったりした。

その後、残念なことが起こった。

私は、ホンダの和光工場見学の後に、見学のお礼に予見されるリスク診断を提出した。

ほんのわずか勤務していたトヨタ系の製造現場（トヨタハイエース車台での救急車製造）は新入社員研修で、私が観た溶接作業は手作業であったが、この工場はすべてロボットによるスポット・ウェルディングになっていた。

効率化と正確性という意味では、ホンダ工場は優れていると関心・感嘆していた。ただし、小さな火玉が約十数メートル飛び散っていた。近隣には、運び込まれた自動車部品の外装品（発泡スチロールやビニールなど）が集積籠に集められていた。目視すると火花がその辺りまで飛んでいるのだ。外装くずの取り除き時間などの間隔を聞いたが、危険を感じたので口頭でリスクを指摘した。

工場長と係長の回答は、「空中飛散の後にコンクリートの通路に落ちて数秒後には発火温度より下がりますので危険はない」という。「飛散先が通路でなくて発泡スチロールであったら」という仮説には、「透過して下で冷えます」という。私は理屈っぽいところも持ち合わせていたので、やらないパチンコを想定して、数個の火玉が同じ個所に集積した場合の発火可能性を危惧してレポートを出しておいた。

その数カ月後に、工場火災が発生した。同じようなことは花王の千葉工場でも発生した。

専門家は自信家でもあり素人の指摘は受け入れがたいのだろう。しかし経営者の立場は生産と利益がテーマで、操業不能はもっての外なのだ。

経済の原則は物やサービスの循環であり、時流に合わないなら別だが、売れている間は供給の中断はマーケットからの離脱になる。品質レベル、安全衛生への取り組み、社内外の評判と認定があっても、僅かな規律の緩みや慢心が、堤防などの蟻の一穴のように崩壊の原因となる実例を見た。この時、「外部からの眼」というサービスに着目した。

大企業ですら陥りやすい安全衛生のレベル維持の難しさを、専門社員の配置すら困難な中小企業ではどうしたら確保できるのか？

さまざまな人的つながりができ、労働省の幹部に他の自動車会社の実態を知りたくて、三菱自動車の工場見学を頼んだ。外部の眼から見た安全衛生の調査をしたいという名目で行かせてもらった。ここでは、正社員より構内下請けの従業員のほうが、安全衛生のルールをきちんと励行していた。早朝の出社時の社員などの通勤車両の車種点検（三菱車以外か？）も励行されていて、車業界の競争の激しさを目の当たりにした。

後で知ったのだが、中学生の同級生が閑職になった折に一時期その役割をやったという。この工場は興味深かったし、面白かったので、駅から離れた場所で飲み会をやった。うっぷんの吐け口にはして欲しくなかったので、若干のリードをしながら問題点を探った。

大義名分と実態に乖離があったし、その後にリコールの原因とか、品質管理の問題が露呈し、メディアで叩かれた。

受け容れられるかどうかはわからないが、事故事件の要因の大半は内部にあるのかなと考えるようになった。

意見や異見を発表する自由さが必要だが、受け容れない企業や部門が多い。

そのような状態で内部告発のようなものは難しい。

江戸時代にも目安箱などができたが、所詮は一時期のはけ口機能しか発揮できていないし、持続的な効果はない。人間の世界での共通の性《さが》なのだろう。

社外取締役制度の導入だのコンプライアンスというものの、不正や意図的な一部の人間に偏った報酬や評価システムの導入は今でもある。天下の悪党石川五右衛門が言ったという「石川や浜の真砂は尽くるとも世に盗人の種は尽きまじ」が、歌舞伎の一幕で上演されている。

日産自動車の画期的な経営改善などで世界的に名を馳せたゴーン氏などを思うと、人の世界は難しい。しかし、人間の社会は欲と情理の混合した物だから、ＡＩシステムやロボットが発達しても永遠に変化していくし、善悪共に続くのであろう。

その変化の中身は約８、９割は想定できるのだが、残りが厄介である。

安全衛生のレベルは経営者で決まる

私は顧客や見込み客が抱えるリスクのうち、いわゆる労働災害とその結果での損害（民事賠償責任、刑事責任、社会的責任など）をやさしくまとめた小冊子を作った。代理店からこれを手に入れた出版社が、これと同じものを業種ごとに書いて欲しいとの話が来た。仕事の合間に書くのは大変であったが、この会社の編集者と話が合い、月刊誌に連載することになった。

営業の人間と建設業界、製造業界などを訪問し、安全責任者や現場の長と話し合うと最終結論は労働災害は「人災」なのだと思えるようになっていた。それを撲滅することができるのか、できないとしたらなぜか。

事故事件を皆無とすることはできないかもしれないが、ことは人命に関することであり、生活の糧を稼ぐ過程で不幸な局面を減らすことに貢献できないかと考えた。

安全の現場責任者は、作業者や作業責任者からうるさがられ、作業効率を下げるなどと言われてもいた。「怪我と弁当は手前もち」などということが言われてまかり通っていた。

ハインリヒの法則だの、安全第一などが標語で使われるようになっていたが、作業現場にまでは行き届いていなかった。これは現場の問題ではなく経営者の意識改革をしないとならないと思い、知り合いの労働省の幹部と話し合いの場を作った。

事故事件が経営に与えるインパクトを数値化できないか？

経営幹部に訴える機会はないのか？

経営者の最大関心事は何か？

当たり前のことだが、それは利益イコール金である。

『事故を起こせばこんなに金が掛かる』というタイトルで執筆し、連載を一冊の本に仕立てた。

出版社の労働調査会は、行政の出先のように安全衛生広報だの法令集を出版していた。その縁で、行政と業界で行なう安全大会に着目し、講演会のひとコマをもらうことにした。

行政は民事不介入だというので、事故事件がいかに企業の経営に悪影響を与え、さらには受注にも悪影響が及ぶことを訴えた。

そういう場が増え、講師業のような位置を定められて、行政から全国安全衛生大会などで安全局長との講演行脚も依頼された。業種別リスクを考えたので、建設業編の次は交通事故編を書き、製造業編へと進めた。

やがて、労働省のほうから運輸業編（トラック）をどうですかと声を掛けられ、トラック編も出版した。その縁で「労災収支改善コンサルタント」を委嘱され、各地のトラック業界を講演で回った。

個人の売名行為ではないかという中傷や、仕事に好影響はあるのかなどというものが耳に入ってきたが、間接的ではあるが必ず営業に役立つ仕組みを作って見せると考えて、続けた。

安全衛生の協力会というものがあり、法令で決められた教育や指導をする団体であるが、実際にあまり機能していないことを知った。そこで、営業現場の社員・代理店・ＩＳに新たな営業アプローチと保障制度展開の場を作った。有難かったのは、過去にさまざまな失敗をしているが、新たな営業手法での成功体験があったことである。

私が発案したやり方で新規保険契約を獲得した、という営業仲間が、全国にチラホラとではじめた。彼らを頼りに、またまた新たな営業手法を展開した。

新たなものは、成功事例がないと広がらない。

有効だったのは、生真面目だが営業があまり巧くないＩＳと同行した時であった。中堅の建設業だったが、面談の機会を作ったので同行してくれと言う。案の定、名刺交換をしてもうまく話の展開ができない。私の名刺は営業職ではないし、ＩＳが安全衛生のことに仕向けてもらわないと出番がないのだ。

行き詰まっているときに、応接間の書庫に「建設労務安全」という労働調査会の月刊誌が見えた。「あっ、定期購読されていらっしゃるのですね」と話し掛けた。「ウン、何を?」という。雑誌を示すと彼は取り出した。その表紙には労働問題で著名である弁護士安西愈氏と並列で私の名が載っていたのである。それを見た安全部長は、私の名刺とを見比べて次第に身体を動かし、開いていた足を閉じ、顔を見て口を開いてきた。

抱える現場の数を聞いたり、雑談を通じて、接点を探った。

現場からは安全規則を厳しく言うと反目されているし、社長からは事故が減っていないと糾弾されて板挟みだという。

その頃、私はイギリスの安全対策のフィルムをＴＢＳにいた後輩に頼んで、翻訳アテレコで日本語版を作っていた。「安全大会や安全協力会行事はやっているのですよね」と言ったら、「ハイ」という。工事現場で職長役をしている人物が、板挟みの立場でサンドウィッチのようだという場面があるので、そのフィルムと機材を貸し出すことを約束した。

過去の労働災害での問題点などを話したら、「実は」という相談が持ち上がった。そこで、「御社の負担なく、保障制度を創り上げませんか」と提案した。

協力会の集積した会費の額を聞き、その日のうちに安全協力会の規約変更案と保障制度をＩＳを通じて提案した。

何と１週間で７００万円の団体傷害保険を成約できたのだ。その翌月には役員が法人会の大型保障制度に加入してくれた。

これを喜んだノリが良い支店長は、「これからの営業はこれだ」とＩＳの朝礼で訓示した。その支店長が後にＡＩＵの社長になった。

労働省（当時）との接点

労働省（当時）は、民事的な金銭の問題などには話の展開がし難いのだという。お任せ下さいということで、主だった都市での「安全衛生大会」（約２～３時間）のうち１時間の講演を受け持った。それらの効果は、社内ではなく、業界で評価してくれた。

営業マンが企業訪問をすると、「お宅の誰それの話を聞いたよ」と言われて、案内状を見せられ、営業マンが初めて知る、ということが出てきた。

私の講演などはともかく、営業マンの話が円滑に進めばよいので、訪問先の本体から協力会へと輪が広がり、今までの対話折衝能力より仕組み作りが巧い真面目な代理店、ＩＳが営業を延ばすようになった。

安全協力会を通じての団体傷害保険と賠償保険、労災上積み保険の契約が増えはじめた。

社内とは面白いもので誰も余分な出張だなどと言わなくなってきた。

次第に増員した部員にもTwo Cap制（従来は建物評価のみ、リスク診断のみなどに仕事を限定していた社員に、二つの業務をこなせる体制）を取り入れて、リスク診断業務と安全講習をしてもらうことにした。

ある年は、ＡＩＵが損保会社の都道府県での傷害保険業績1位に上った。

トップ企業であった東京海上火災保険株式会社が、なぜ負けたかと敗因分析したというのを後で知った。

不思議なご縁で、定年退職後に声が掛かってこの会社と10年ほど仕事をすることになった。

第12章　50周年を迎える「大型保障制度」

AIUの社風

トップ・マネジメントは少数精鋭で経営予算を達成しろという。1年以上前にコンピュータを使って役員を含めた全社員の意識調査をしており、マネジメントが言う意味と内容は充分に理解していた。要は、人も金もあまりかけずに儲けて頂戴ということなのだ。

事実、これまでの9年間の体験からかなりのことを学んでいた。創業者C・V・スターが身一つで階段下のスペースからスタートし、世界を股にかける組織に成長させたのは、まずは

・無駄なコストを掛けない

・時代の流れ・仕組みを理解する

・儲かる仕組みを見つけてトライする

・損失の可能性を見つけたら即刻撤退する

・なりふり構わずやる

だったろうと思う。

私は世界を股に掛けた仕事をしたいとは思わなくなっていた。世界を視野に入れた企業で日本が光る存在となるのを目指してみようという気はあった。このプロジェクトを通じて何かを摑もうと思ってはいた。

人の世は合縁奇縁

１９６４年のことだが、大阪支店に配属になった折に、ＡＩＵは小さいながらも道修町という地に小さいビルを建てた。C・V・Star という創業者が後の社長であるM・R・Greenburg と一緒に視察に来阪された。

外出から戻って1階でエレベーターに乗ろうとしたら、支店長とスター氏、グリーンバーグ氏の三者が乗ろうとしているのを見た。ビルが小さかったのでエレベーターも小さいものだった。目礼して、一台しかないこのエレベーターが戻ってくるのを待とうとしたが、私の足はダッシュしていた。

支店長は、私が入社の折に最終面接をした人物で、取締役支店長として赴任していた人物である。初めてみる創業者の雰囲気を感じたかった。礼を失していることは百も承知で、只々黙してエレベーターが4階の支店長室に行くまでの間はすべての毛穴から感じ取るものを探した。4階で降りられた後に5階のボタンを押して首を垂れた。誠に不躾で礼を失していることは百も承知であるが、彼らが社員と会合を持つという情報もなく、平社員の私はこの機会を千載一遇のチャンスとしたかったのだ。何も草履を取るとか懇願する気などは何一つなかった。ワールド・ワイドな企業を創設した人物の香をかぎたかったのかもしれない。

スター氏はその4年ほど後に亡くなられ、グリーンバーグ氏が引き継がれた。スター氏は子どもがおらず、スポーツや芸術を愛し、私が憧れていた白銀の世界的スターであったトニー・ザイラーのスポンサーでもあったのだ。

日本人では、猪谷千春氏が彼の支援を得て冬季オリンピック・メダリストになった。

大学時代2年生の折に体育集中授業で、蔵王のスキー教室に参加した。この時に国体が開かれた。圧雪車などのない時代で、大勢いる学生は選手権のコース設営に協力することになり、コースの雪踏みを手伝った。踏み固めたゲレンデを奇麗にということで、労役をした我々は林間を縫って下に降りろと命じられた。

翌日、既に世界的なスキーヤーだった猪谷氏が試走した。そのタイムが後から滑る本番の国体選手より12秒も速かったのだ。

その4年後に私は猪谷氏と同じ会社に勤務することになった。ＡＩＵの社員福利厚生の一環にスキー部があり、志賀高原の丸池や菅平などでスキーをご一緒したこともある。組合活動では対峙する相手側に着席されていた。群馬の新設支店に左遷された折には、社長の都合が悪くなり、開設の挨拶は氏にお願いした。

営業企画部の時には西武鉄道の社長であり、日本体育協会のスキー連盟会長であった堤義明氏を紹介された。スキー関係に貢献し、営業の可能性を模索しろと言われた。「スキー場の安全と経営」というテーマでアプローチし、索道協会と連携して保険制度を作った。その縁で10年ほど日本スキー連盟パトロール隊の認定証更新制度「安全科目」の講師を続けた。北海道から四国・中国地方、九州にまで足を延ばし、スキーがこんな南方でもできるのを知り、日本が細長いことを再認識した。

堤氏は著名なワンマン社長であり、軽井沢でゴルフをしていたら、ヘリコプターが来て支配人が先に行かせてくれという。それが堤氏であったが、旗を持ってついていた秘書が私と同じマンションの上階の住人であった。彼の子どもと私の子どもは同じ幼稚園に通園しており、充分に顔見知りであったが、彼は仕事中のことでもあり、顔を逸らしてスルーさせた。

大阪の小さな支店で小さなエレベーターに飛び込んで4階まで移動した時のグリーンバーグ氏とはその後会うこともなかったが、法人会の大型保障制度がかなりの数字を出すようになったころ日本に来られた。その頃に麴町にあったゲストハウスに、役員二人と佐保と私が一緒に招かれた。NYの指示以外で伸展した初のビジネス展開事例だったようであった。

このゲストハウスは二階建ての和風木造建築であり、シェフが常駐していた。建物に入ったらグリーンバーグ氏が佐保と私にハグをしてきた。世間的に見れば組織のトップからハグされるなどは光栄なのだが、そんな習慣を持たない佐保と私は身を固くした。偶然の知り合いとか、既知の人との思わぬ出逢いやお願いをしたりと、人間世界とは面白い糸でつながっていると思った。

別掲の外務大臣であった愛知さんとはアーチェリーの繋がりであり、秘書を通じて財務局から情報と支援をいただいた。アーチェリーの繋がりは、毎日新聞がきっかけだった。1959年の7月14日の夕刊に「茶の間」という囲み記事が掲載されていた。そこにヤマハ（当時は日本楽器製造㈱）の社長源一氏が「若人よ集え」ということを書いていた。64年に東京で開催されるオリンピックの種目にアーチェリーがあり、若者に修練を呼びかけていたのだ。

大学3年生であった私は、趣味でスキーやハイキングはしていたが、運動系の人間ではなかった。それがなぜか翌日に、株式名鑑を購入して日本楽器の欄に記載されている川上社長に手紙を出していたのだ。1週間後に私と同じような文字の葉書が来た。氏から「東京の銀座ヤマハ支店に行くので会おう」というものであった。

それから私はアーチェリーを初めて教わり、秋の第一回日本選手権に参加した。

浜松の公開練習場で練習をしていたら、川上氏がそばに来られ、私の竹の弓を見て「こんなものでは90メートルは当たらないから、うちに来い」という。アメリカ製のグラスファイバーの弓をお借りした。それで翌日からの試合に出たのだから無謀というものだが、道具のスポーツは届かないより届く道具のほうが当たる。

そんなご縁で、東京で何度もお会いし、ヤマハの屋上で夜10時過ぎまで社員と練習した。遅くなった時に「帰りはどこだ」と言われて答えたら、氏の東京の家が我が家から徒歩10分くらいで近かった。「私の車に乗りなさい」ということで、その後は練習でご一緒するたびに車で送ってもらっていた。

アーチェリーの普及とか強化という話に感銘し、自分でできることを模索した。結果としては明治大学にアーチェリー部を作り、関東の先発校と合同でリーグ戦を始め、後に王座戦で優勝などを経験した。

雪が降った夜は屋上で鍋焼きうどんをご馳走になり、帰路の車で「グラスファイバーでスキーを作っては」などと提言したら、その後に開発して1セット送ってもらった。

キーボードやインターフェースに興味があり、「作曲器を作っては」と言ったら、制作したが売れなかった。面白い方で「ソノシートを作ったので買え」とか、「つま恋に会員制のレジャー施設を作ったので会員になれ」とか電話が来た。

実は私の父親がヤマハの社員であり、先代の社長に可愛がられていたが、改革派の息子源一氏とは反りが合わなかったらしい。私は父親があなたの会社の社員だとは一言も言わなかったが、多分周囲の人間が知らせていただろう。

大学4年生の時、父親の部下たちも私がヤマハに就職するものと思っていたようであったがしなかった。なぜなら源一氏には私より3つ下の男子（浩君）がおり、やがて後継者になると思えたし、父は源一氏の

3つ上だった。いくどとなく卒業後も川上氏の自宅訪問もしていたが、父の話はお互いにしなかった。

左遷で技術部に配属になって新しいサービスを展開し始めたとき、ISの一人が相談したいことがあると訪ねてきた。営業で出版社に飛び込みをし、その社から面白い企画がないかと相談を掛けられて、私が社内印刷でまとめていた災害事例紹介を見せたら、それを掲載したいという。

その縁でその社の月刊誌に投稿することになり、その連載したものを元にそれが本になり、それらの縁で労働省（現厚生労働省）とつながった。その縁がさらに進んで労災保険の収支改善コンサルタントを任命された。トラック業界の労災事故低減をする職務を委嘱された。

見通しの良い直線で、一種免許を保有している運転手が停車している車に追突する事件の多いことに気づいてその原因を探り、睡眠時無呼吸症候群というものを知った。この事故を減らすために、検査に必要な費用ひとり5000円の半額補助制度を考案し、当時の労働省から毎年5000万円が拠出され、既に十数年たった。15万人くらいが受診している。

これに先立って虎の門病院でどのような検査かを体験入院検査を受けた。なんと私自身が真性患者であることが判明し、改善装置のCPAPを今も付けて就寝している。睡眠学会の動きや医師の活動などを調べた。

虎の門病院の成井先生とはその後に、一般社団法人「日本生活問題研究所」で快適睡眠推奨の活動を共にした。

CPAPのマシンが、特許の関係で外国産やOEMだというので、国産会社を探した。メーカーを探し、飛び込みで社長と会った。その日に検査機を（社）日本生活問題研究所に50台無償貸与してもらい、その後延べ2000人以上に検査を実施した。

現在は、そのマシンを使って世に役立つ動きをしてみたいという保険代理店に、その活動を委嘱している。

この「日本生活問題研究所」、実は仲間が理事長をしていた。

この法人は戦後に発足し、日本が食糧難で困っているときにクリスチャンであった賀川豊彦氏が米国政府に懇願し、食糧支援を受けるために資料や調査研究をする目的で作られた社団であった。彼は神戸生協の発起人でもあった。

ここで最初に出会ったのが、後に法人会・納税協会で採用した「健康ダイヤル24」メディカル・サービスであった。会長が厚生省の出身であり、民間での救急車サービスをしたいというのを手始めに、病医院の紹介サービスや健康相談を東京・大阪で展開し、電話での医療ヘルプサービスを実施した。

規模が大きくなり社団での業務の域を超えたので別法人が運営することになった。それが T-Pec 社である。

大型保障制度営業開始50周年を迎える

50年も続いた稀な保障制度であるが、保障制度発売の初月ＡＩＵの傷害保険料は3万３０００円であった。その後に年間４００億円ほどになった頃には、私は別部門に移動していた。佐保と私が二人で囲い込み、手放さないなどと言われていた。

佐保はその後も法人開発部の責任者としてこの保障制度の維持・管理と新たな事業展開に活躍したが、私は別部門に異動していた。

世間とはその都度、いろいろなことをいうものであり、当たりもあれば外れもあることは仕方のないことではある。

大同生命社の生命保険料との合算では年間に２０００億円を超えるものに成長しており、その後に他の企業防衛保障制度の合算額は50年間で何兆円にもなっているのは自明の理である。

しかし、古いデータは残っていないとのことで正確な数字を表示できないのは残念だが、各地の両組織の事務所が新築されたことからも保障制度の普及が図られたことは疑いがない。

50年間、両組織の精鋭たちが激動期に補償制度の刷新に取り組み、刻々と変わるリスクに対して廉価で良い企業防衛のための保障制度を考案、普及に向けて鋭意努力されてきた成果であろうと思う。

昨今は、さまざまな経済団体や組織が陳腐化してあまり機能していないとか、時代のスピードに遅れているとかの不平・不満が出ており、会員の減少も話題になっている。

ならば、進んだ情報科学を活用して、新たな魅力的なもの、中小の規模ではできないものを提供すればよいのだ。

わかり切ったことであるが、人材の差し替え、あるいは外部委託などをして、組織の求める方向へと移行すべきだろう。

会費を払い続けてくれる会員企業にとって

・新商品としての価値があるのか？

・新しいサービスなのか？

・有料でもよい会員向けサービスなのか？

などが求められているのかもしれない。

中小規模の企業の興廃は、時として国の経済を危うくする。そのような業種がなくなると、国をおかしくし、悪影響を及ぼすかはわかっている。ならば、法人会や納税協会という団体は、会員に貢献することを目指して、会員の特性を再度把握し、時代にミートするサービスや情報を提供することに専念してはいかがであろうか？

メディカル・リスクマネジメント協会

この保障制度が進展している間に、次なるものを画策してメディカル・リスクマネジメント協会を設置し、病医院の経営とリスクマネジメントを菱和メディカル社とＡＩＵで会員制のサービスを始めた。

構想は47都道府県に認定の代理店を設け、会費制のサービスを展開すること。大手の薬問屋と提携し、小冊子を発行したり、ＪＡＬの教育部門と提携した教育ＤＶＤの配布など、院内のサービスレベルの向上を図ることなどを始めた。

資金対策としては、都市銀行と提携して融資制度を完備し、保険も用意した。ＡＩＵにはない医事賠償保険は、三井海上火災と提携して揃えた。

診療圏調査とか看護師や職員の接遇訓練、診察控室に置く小冊子などは好評であったが、肝心の保険営業が芳しくなかった。

残念なのは社内での抗争もあり、出資金を引き払ってこの分野からは撤退したことと、病医院のリスクマネジメントの一環として医事賠償事故の判例ダイジェストを原稿段階まで完成したが陽の目を見ていないことである。

その後、この社団の活動にサイバーリスクが加わり、いくつかのサービスを展開しＡＩＵとの提携でセミナーを展開した。

オリンピックや、国からなどの要請で講師陣が逼迫し、セミナーなどは凍結している。

その組織で常務理事をやったが、業務内容の変容を機に退出し、新たな社団法人を設立して活動を開始している。

リモート・コンサルティング

企業を人に例えるのは無理ではあるが、人は日々の細胞の刷新の連続であり、臓器がそれぞれの役目を果たしてくれている。大企業はそれを機能分化してこなせるが、中小企業は一人がいくつもの役を演じながら不足機能を補うか外部委託をしてやるしかない。

以前は銀行など、金融機関が情報提供能力とコンサルティング機能をもっていたが、不動産バブル、積み立て生損保バブルに身を崩してその地位を失った。

経済団体や業界団体も、世間の情報の伝達速度が速くなり、求められる高度な情報提供能力を持てなくなって来ていることから、その存在意義や価値が失われつつある。

中小企業が求めるものと世の中が求めるものとがすべて合致することはない。

テーマは企業体の維持継続であり、そこの共通項は資金確保と人的教育・訓練、健康であろう。

マーケットの創造だとかは所属団体の使命ではない。

悪質なランサムウエアーなどが中小企業にまで広がっていることから、企業防衛レベルを上げるために警告・社内体制の確立、簡易ペネトレーションの普及などが、今後の法人会・納税協会の課題の一つなのかとも思う。

コンサルティングは面談、出張が多く、高価で時間がかかるという。

しかし、コロナ禍は新たな可能性を実現した。

双方の都合に合わせたリモート・コンサルティングである。

必要な情報を共有し、必要な知恵の習得が可能な時代となった。

いながらにして物やサービスを売ることができる時代となり、法人会や納税協会が率先して会員の企業防衛、永続に役立つソフトと・ハードのツールを開発し提供する時代となった。

あとがき

人生100年の時代という言葉がメディアで流れている。

泡沫な自分がいかに生きようが世間はまったく問題にしないが、身近な親族や友人・知己に、人は必ず衰える存在だが、人生は苦しみや悲しみもあるが幸せもあるのだよ、と語りかけて没したい。

人生の第4コーナーを回ってからも「脳がしっかりしている間は、美学の追求が人間なのだ」という勝手な哲学らしい独創で83年を振り返ったら、50年前のプロジェクトがいまだに続いていることに感嘆した。同時に、共に動いた彼らがすでに鬼籍に入ってしまっていることを知った。

相棒の佐保とは2016年12月の28日に電話で話をしたが、翌年1月の5日に亡くなった。その後は環八の近くにある墓に参っている。

生保も損保も人間学の塊なのだ。

・いかに生き残るか？
・いかに組織や企業の経営を継続させるか？
・いかに時代の変化を読み取ってミートするか？
・いかに時代を切り拓くか？

永遠の課題である。

時は流れ、未知の世界へと我々は日々進んでいるが、よほどの決断をしない限り変革の当事者だという認識はない。

天災などを除いて人の営みの事変は必ず予兆と要因はあるのだが、我々は安定を求めるので、それらを正視するのを畏れる。

新しい局面を恐れおののくもよし、果敢に挑戦して成果を満喫するもよい。

地球の歴史は130億年余りで人類は誕生して700万年だという。日本というところに人が住んで4万年だともいう。

過去は変えられないが未来は変えられる。

細長い島国であるがほぼ四季があり、多雨多湿な環境で平野が少ないが水脈に恵まれている。大型動物は牛・馬・熊以外おらず、安住の地としての条件は満たしている。

化・科学の発達で商圏や行動範囲が拡がった。

自然界と同じく人間社会は一時も停滞はなく変化の連続なのであり、その変化に伴ってリスクも変容して現れてくる。

我々は身体の組織が時々刻々と刷新されていることを意識していない。

人が経営する企業も同様に変化をしているので十分なケアが必要なのである。

たまたまの縁で法人会と納税協会の大型保障制度の開発時に携わる機会を得た。

そして、それがその後の関係者の努力と顧客の継続的なサポートで今日を迎えている。

願わくば、この保障制度がさらに進化して時代の要請にこたえ、両組織の会員の企業防衛に役立つものとなるよう祈念して終える。

最後に、この開発秘話の企画に賛同し編集に多大な時間を割いてくれた言視舎の杉山尚次社長、古いデータを探す努力をしてくれた大同生命社・ＡＩＧ社の仲間、旧知の会員の皆さんに感謝の意を表したい。

［著者］

鈴木英世

■ 1938（昭和 13）年 11 月 3 日兵庫県生まれ東京育ち
■学歴：1961(昭和 36) 年 3 月、明治大学政治経済学部
経済学科卒

■職歴：
1961 年セントラル自動車㈱入社
1962 年 AIU Japan 入社損害査定部配属
1964 年 AIU 大阪支店配属
1967 年 AIU 本社配属
1970 年 AIU 千葉事務所配属
1971 年 AIU 大型保障制度プロジェクト➡営業推進部➡営業推進本部
1974 年 AIG グループ kk アイスコ出向（取締役営業部長）
1976 年 AIU 前橋営業所開設所長
1977 年 AIU 本社技術部配属／リスクマネジメント部に転換／リスクマネジメント部々長
2001 年 AIU 顧問／東京海上火災保険営業本部顧問
サンビジネス東京株式会社代表取締役社長
株式会社オフス取締役会長

■所属団体：
明治大学体育会アーチェリー部（創設、監督、総監督）
日本リスクマネジメント学会特別会員
一般社団法人日本生活問題研究所（常務理事 2019 年退任）
一般社団法人日本リーファーワイン協会（初代会長）
一般社団法人リングの会（アドバイザー会初代会長）
一般社団法人日本健康与信機構（理事長）

■著書：
『企業のリスクマネジメント』（日本能率協会編共著）
『事故を起こせばこんなに金が掛かる』(労働基準調査会)
ほか。

著者の電子書籍はコンテン堂で発売中！
http://www.contendo.jp/suzukihideyo

装丁………長久雅行
DTP制作………REN
編集協力………田中はるか

「大型保障制度」誕生秘話
50周年を迎える日本初の「生損保セット商品」はいかにして生まれたのか

発行日❖2021年12月31日　初版第1刷

著者
鈴木英世

発行者
杉山尚次

発行所
株式会社言視舎
東京都千代田区富士見2-2-2　〒102-0071
電話03-3234-5997　FAX 03-3234-5957
https://www.s-pn.jp/

印刷・製本
中央精版印刷（株）

ISBN978-4-86565-214-7 C0036